Dibuja, pinta, ilustra.

Consejos y técnicas.

ALFREDO ELIAS MONDEJA

Copyright © 2022 Alfredo Elias Mondeja.

aelias_mondeja@hotmail.com

amazon.com/author/alfredo.elias

Todos los derechos reservados.

ISBN:

DEDICATORIA:

Dicen que todo artista tiene su musa, no sé si otros pintores la tendrán,
yo doy fe de su existencia: se llama Pilar.

I.- INTRODUCCIÓN

Ante todo, indicar que en el presente trabajo se recogen más consejos que técnicas, sin por ello evitar describir alguna de ellas. Se trata de introducir al estudioso del arte de dibujar en un mundo lleno de obstáculos salvables, acompañados de satisfacciones inenarrables. Pero, previo a cualquier consideración debo ofrecer al lector un breve historial de mis andaduras por el mundo del arte, o mejor: mi variopinta experiencia dentro de él y así decir que es mi madre quien me inicia en el dibujo a la edad de nueve años y al cumplir los doce comencé a trabajar, en principio, para editoriales valencianas como dibujante de comics. La experiencia me sirvió de mucho y gracias a ella, un año después, realizaba trabajos para Europa (principalmente para Inglaterra, a través del agente Barry Kooquer de Londres, así como para Italia, Editrice Universo).

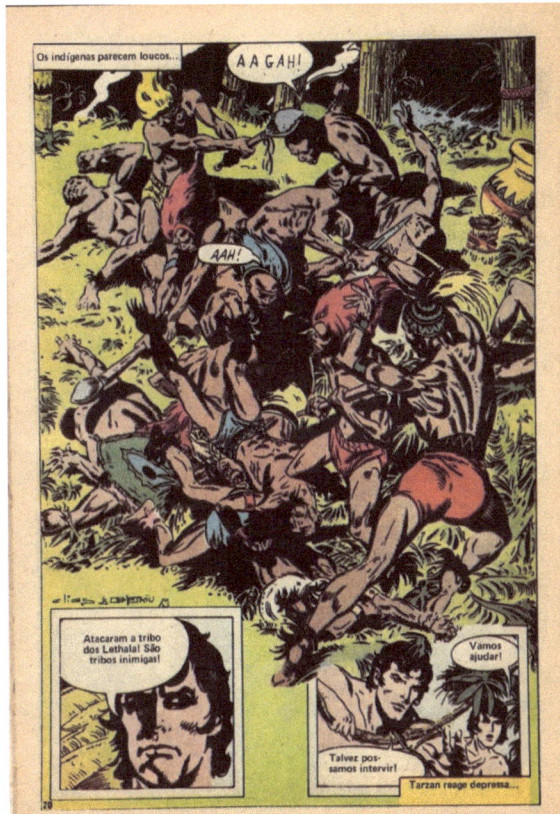 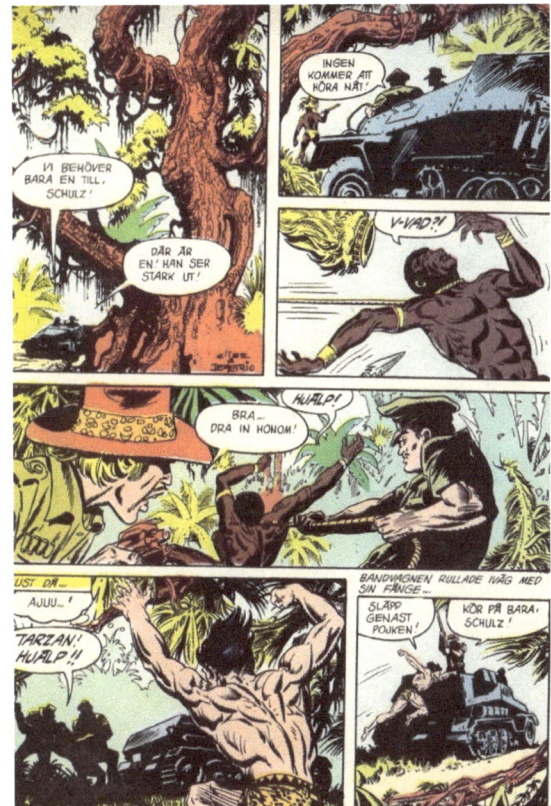

A los dieciseis años compagino el dibujo de comics con la ilustración; así, puedo citar, como ilustraciones más destacadas, las de la Biblia y como personajes más conocidos del comic, Tarzán. Soy seleccionado —de entre varios dibujantes europeos— para dibujar dicho personaje en comics para EEUU

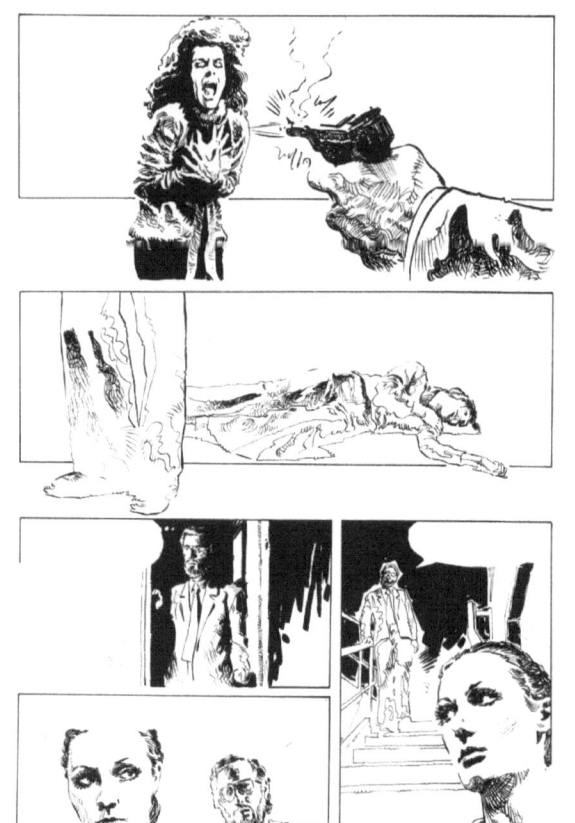
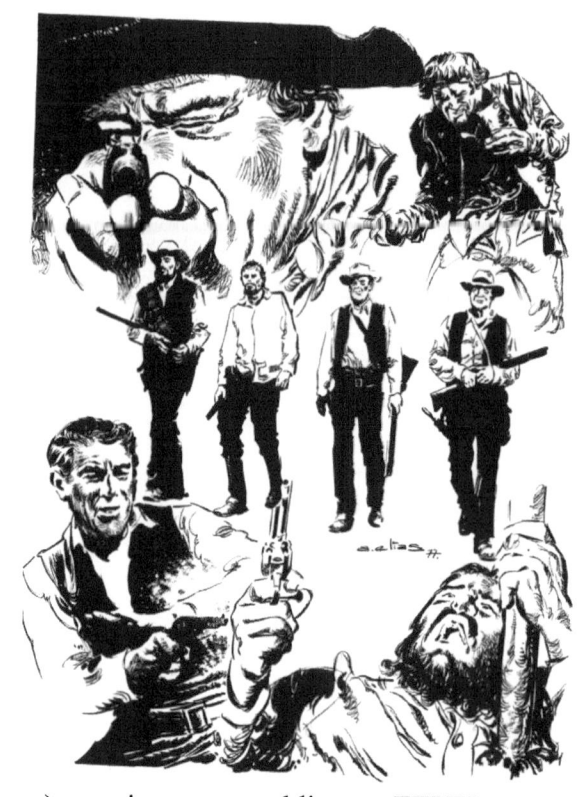

(Warren), comic que se publica en EEUU y a su vez es traducido a varios idiomas (alemán, italiano, etc) y cuyo entintado encargo al también dibujante Demetrio Sáchez. Posteriormente trabajo en cuadernos románticos para Italia (para la citada editorial Editrice Universo) y realizo a su vez varias ilustraciones para España.

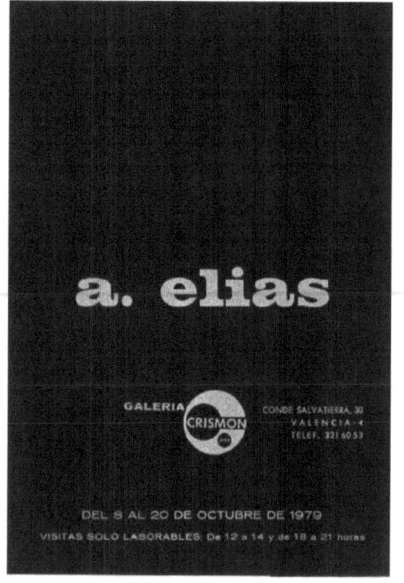

Expongo por primera vez en Valencia en el año 1979, tras ellos realizo diversas exposiciones (Palma de Mayorca, Torrente, Alicante, Madrid, Estocolmo, Chicago, etc.), participando, también, en colectivas junto a pintores valencianos de renombre (Bronchú, Cozar, Porcar, Peris Aragó, Pedro de Valencia, etc.). Obtengo criticas sumamente halagüeñas.

La última exposición la realizo en Madrid, en el año 2006 y tras ella me centro en el retrato.

II.- DIBUJA.

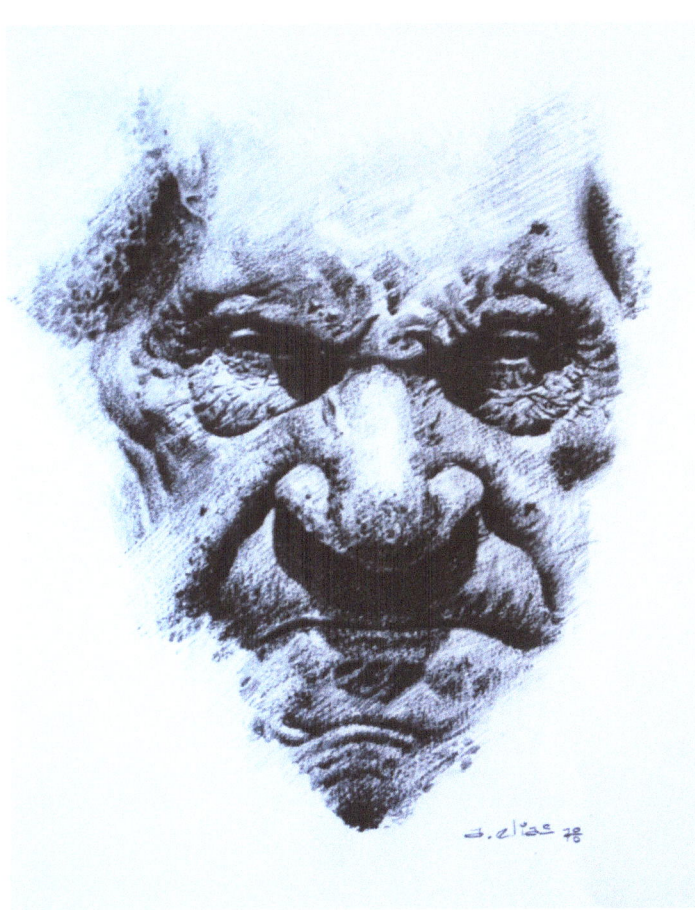

El dibujo ahora reproducido (portada de este libro) lo titulé "Bacco" y he de indicar a su vez que sirvió de portada del catálogo de mi primera exposición y que fue el primero que se adquirió. Fue reproducido en varios medios de comunicación y obtuvo criticas muy favorables.

La técnica empleada es la del lápiz, exclusivamente punta de lápiz.

Un gran pintor (creo que fue Leonardo) dijo algo así como: "dibuja bien y pinta como quieras". Efectivamente, la base de toda obra pictórica se encuentra en el dibujo, sin él, todos tus esfuerzos resultarán vanos y lograrás, como mucho, *algo* decorativo o, un conjunto de colores armónicos.

Soy un profundo detractor de lo que llaman "arte" abstracto, creo sinceramente que tal denominada arte, no pasa de ser el refugio de quienes no saben dibujar o de aquellos que sabiendo dibujar pretenden resultar novedosos en un intento de comercializar "su obra".

Si dominas el dibujo no te costará ningún esfuerzo "desdibujar", pero tu obra poseerá una calidad indiscutible. Si comienzas tu andadura desdibujando o creando obras abstractas no pasarás de ser un buen decorador de interiores. Pero, ¿cómo llegar a dibujar bien?; la fórmula es bien sencilla: dibujar, dibujar y dibujar. Dibuja todo lo que veas, incluso tu propia mano izquierda (si eres diestro); la mesa; el jarrón; tu perro… cualquier cosa que te rodee. Busca la luz y las sombras, evita las luces planas —esas que iluminan los objetos de frente—, esas que no crean sombras. Busca el claro oscuro y estudia a los maestros. Una vez termines de dibujar, cuando creas que la obra se encuentra concluida, entonces serás incapaz de apreciar sus defectos. Existe un sistema para ello, te cuento: coloca el dibujo frente a un espejo y observa la imagen reflejada, aparece invertida y es seguro que a través del espejo descubrirás muchos errores, desproporciones de las que no te habías percatado. Corrígelas, sé exigente contigo. Es preferible deshacerte de una obra que utilizarla sabiendo que tiene defectos.

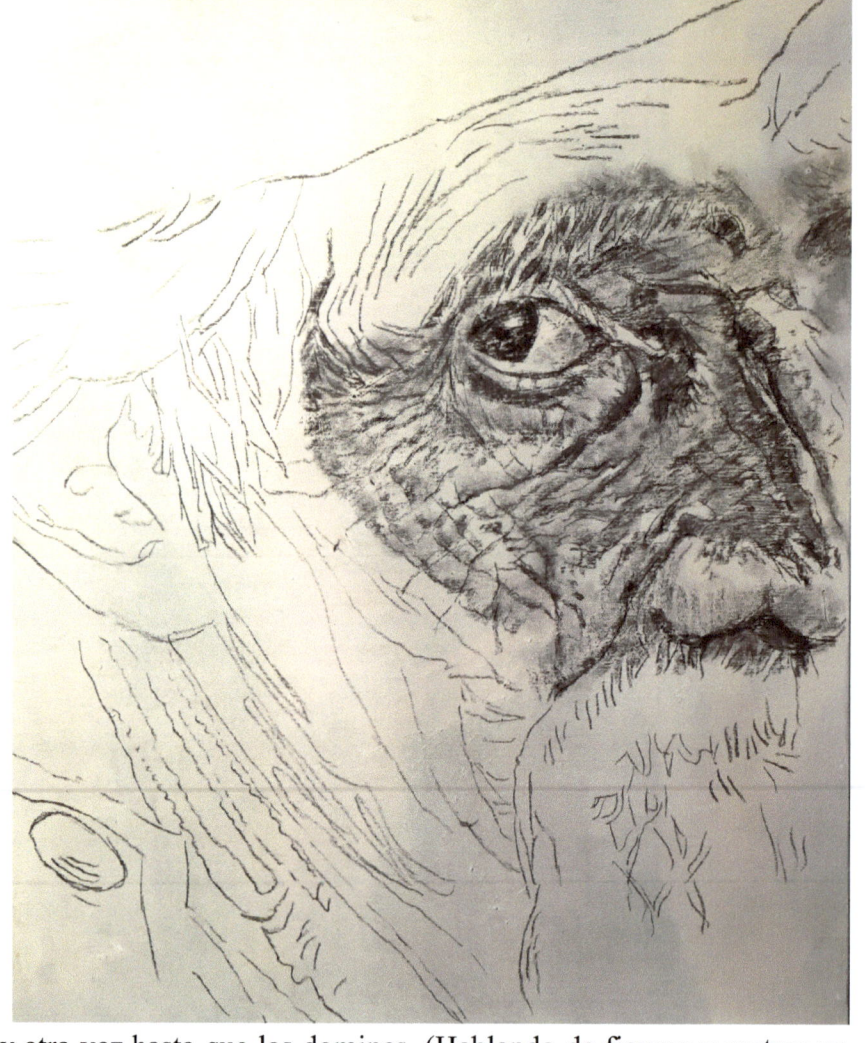

El tema de mayor dificultad para el dibujante es el de la figura humana (lo más hermoso a su vez de dibujar) y dentro de ella los rostros y, qué duda cabe: las manos y los pies. Observa como muchos pintores/ilustradores colocan sus figuras de forma que los pies no aparezcan; bien están cortadas por las piernas (horrible), bien se encuentra cubiertas por la hierba o bien aparecen ocultos tras cualquier objeto. No les temas, dibújalas una y otra vez hasta que las domines. (Hablando de figuras y rostros un buen método de dibujo (aún hoy) es el de Andrew Loomis, lo encuentras sin problemas e incluso puedes ver algún video en YouTube. Tienes obras de dicho pintor tanto del dibujo de figura como del de cabezas y manos, e incluso algunos óleos.

Y no se te olvide, el dibujo no es sólo blanco y negro, no se trata de dibujar exclusivamente a carboncillo, se trata de dibujar como fondo de una obra que, luego, puedes concluir al pastel, a la plumilla

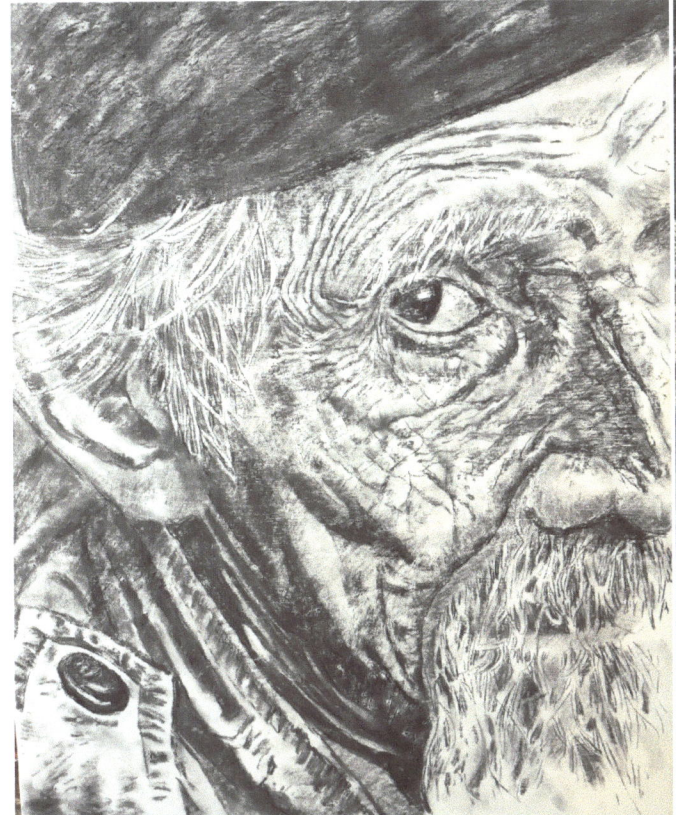
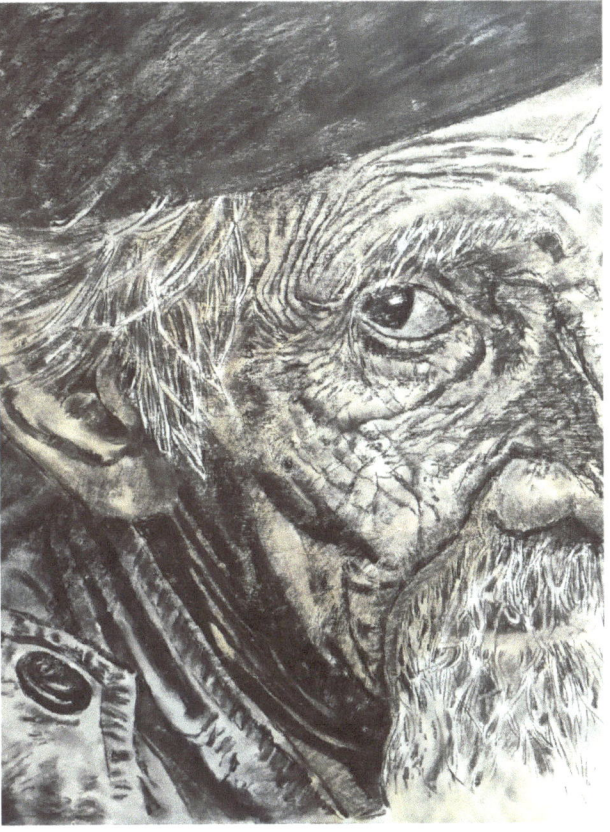

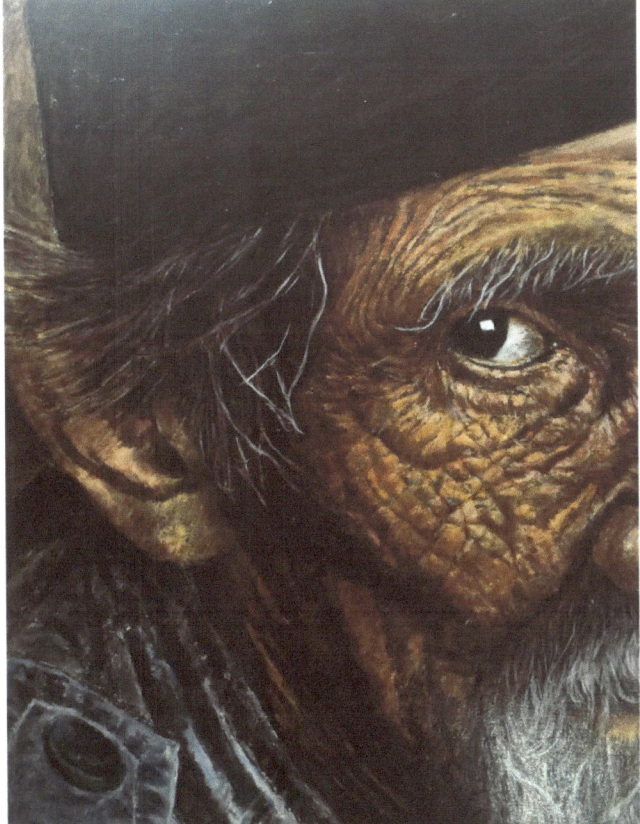

o al óleo. Pero no te engañes: la base siempre será el dibujo.

Aquí muestro unos dibujos previos a la realización de un óleo. He intentado precisar al máximo el dibujo, detallarlo sin importar que luego el óleo pueda cubrir el lápiz o carbón. El detalle del dibujo es lo importante luego el óleo volverá a dibujar con precisión, siguiendo los pasos del carboncillo.

Se inicia con unos trazos finos de carboncillo sobre los que, posteriormente, se detalla al máximo. Concluido el dibujo, (imagen superior izquierda) se comienza a "iluminar" la cara (superior derecha) con colores muy diluidos. El paso siguiente es la conclusión a óleo del dibujo (izquierda bajo).

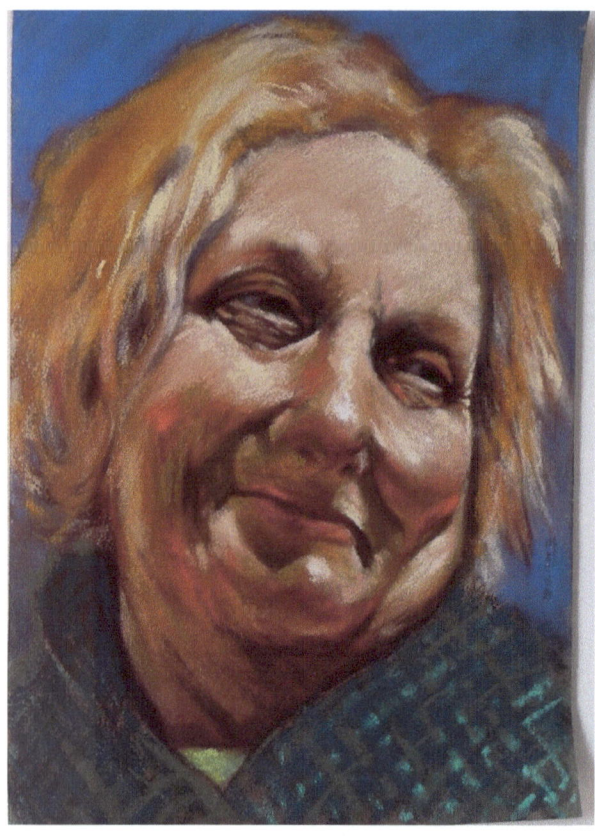

Puede apreciarse como el dibujo ha "guiado" al óleo. La pintura no ha roto la estructura del dibujo de base, la ha respetado. En suma y por simplificar, podríamos afirmar que la pintura, aquí, no es más que la iluminación de un dibujo.

Como he dicho, el dibujo es la base de toda técnica, lo podemos comprobar observado los dos pasteles que reproduzco a continuación, ambos, previamente, fueron dibujados con precisión para luego concluirlos al pastel.

El dibujo de la mujer es antiguo y se usó como modelo una foto que encontré y que desconozco a quien pueda corresponder. La técnica, como puede apreciarse, es la del pastel, técnica que ha dado obras extraordinarias, de grandes maestros, entre los que, sin lugar a dudas, encuentra un lugar preeminente Pierre Auguste Degas, cuyas bailarinas, de todos conocidas, nos deleitan con la delicadeza del trazo y los colores armónicos.

Es una técnica que he utilizado más a título de curiosidad que por trabajos o exposiciones.

Este segundo dibujo a pastel es reciente y puede apreciarse como el estilo ha evolucionado, resulta más suelto, más próximo al impresionismo (si se me permite la comparación). Creo que he mejorado la técnica, ya no es tan "relamida", resulta más atractiva. Personalmente la prefiero.

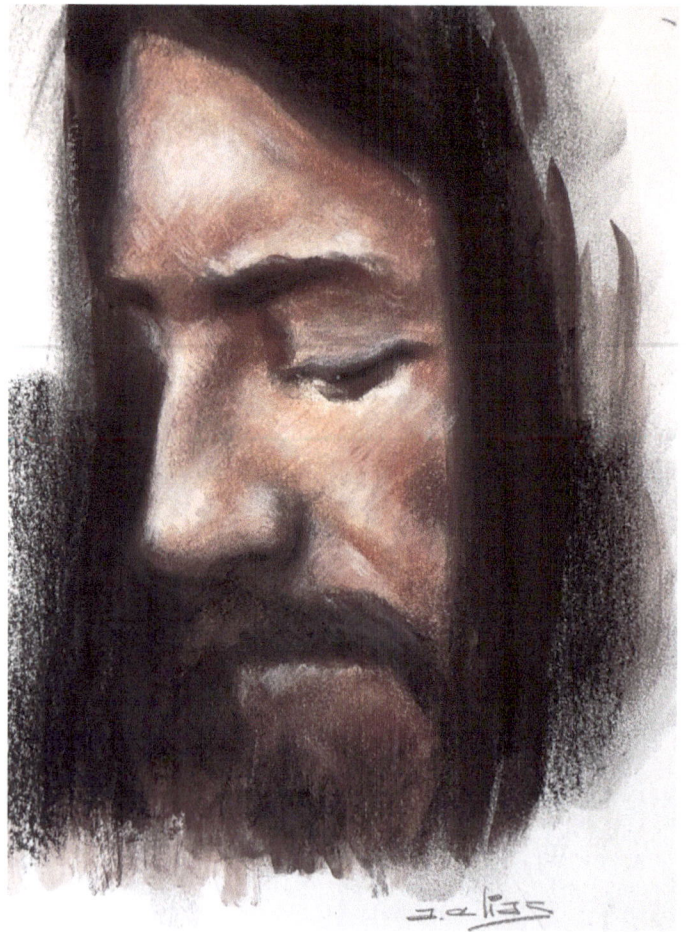

Recomiendo que se investigue; de toda técnica se aprende y toda técnica aporta experiencia y sirve para mejorar nuestros futuros dibujos.

Creo que bien tratada es una técnica que puede aportar un cierto dramatismo a la obra y ejemplo de ello puede ser el siguiente dibujo al pastel que realicé hace más de dos décadas y que iba destinado a una exposición en la que nunca vio la luz.

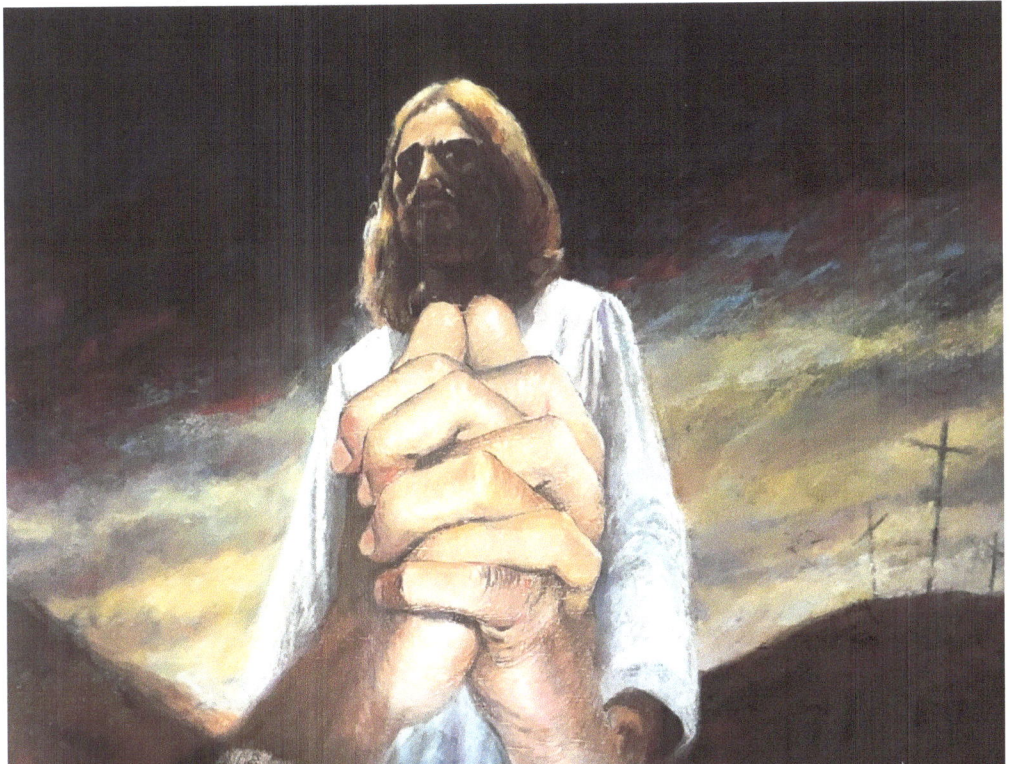

Posiblemente la mezcla de colores, la forma en que se unen, crea ese dramatismo al que me refiero.

Incidiendo de nuevo en el tema de las manos, puede apreciarse como siempre son un reto; la dificultad "está servida". No hay que tenerles miedo, por el contrario, hay que insistir en su estudio porque es algo que impacta y gusta al público. Siempre les he dado una importancia capital incluso un par de manos fueron la portada del catálogo de una exposición en Palma de Mallorca (lo reproduzco ahora pese a que el tiempo no ha tenido compasión con el papel sobre el que fueron impresas). Más adelante (en al apartado Consejos y Técnicas) incidiré de nuevo sobre el tema con otro ejemplo de manos.

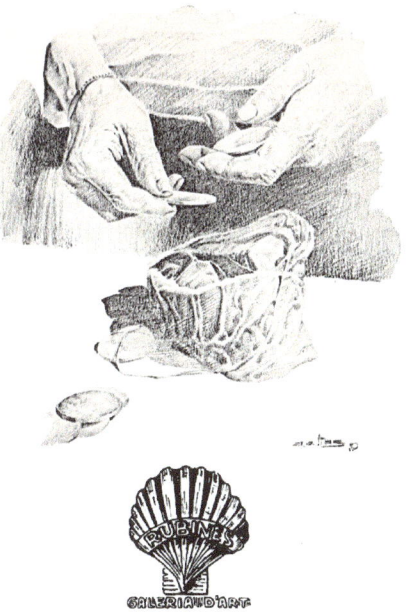

Dentro del dibujo (o al menos considerado como tal) tenemos una técnica poco empleada y difícil de dominar. Hoy parece que se encuentra olvidada o, en todo caso, ha sido sustituida por otros "aparejos modernos". Me estoy refiriendo a la plumilla.

La plumilla plantea enormes problemas para su ejecución y requiere un dominio perfecto del medio para lograr resultados aceptables. Hoy la técnica no se practica, ha sido sustituida, como dije, por rotuladores que no plantean problemas de ejecución.

La plumilla, su manejo, debe ser ágil y presentar matices que no pueden lograrse ni con rotuladores ni con los conocidos rotring. Su grandeza radica en que las líneas se agrandan o estrechan a voluntad del artista que la maneja como si se tratara de un lápiz (la falta de pericia conduce a la rotura de las puntas y al salpicado de la hoja). Una muestra de tal técnica se reproduce ahora en un dibujo titulado "La catedral" que formó parte de una colección que presenté en mi primera exposición.

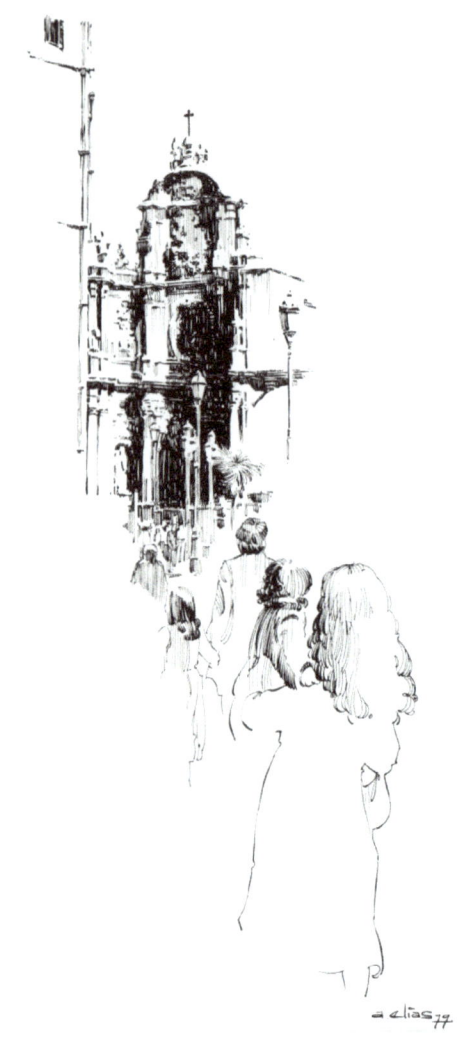

II.1 CONSEJOS Y TÉCNICAS

a) *El lápiz.*

En cuanto al dibujo a lápiz la técnica resulta simple: se utiliza la punta del mismo y se obtienen matices a través de la presión ejercida, así como con la utilización de diversas numeraciones (de mayor o menor

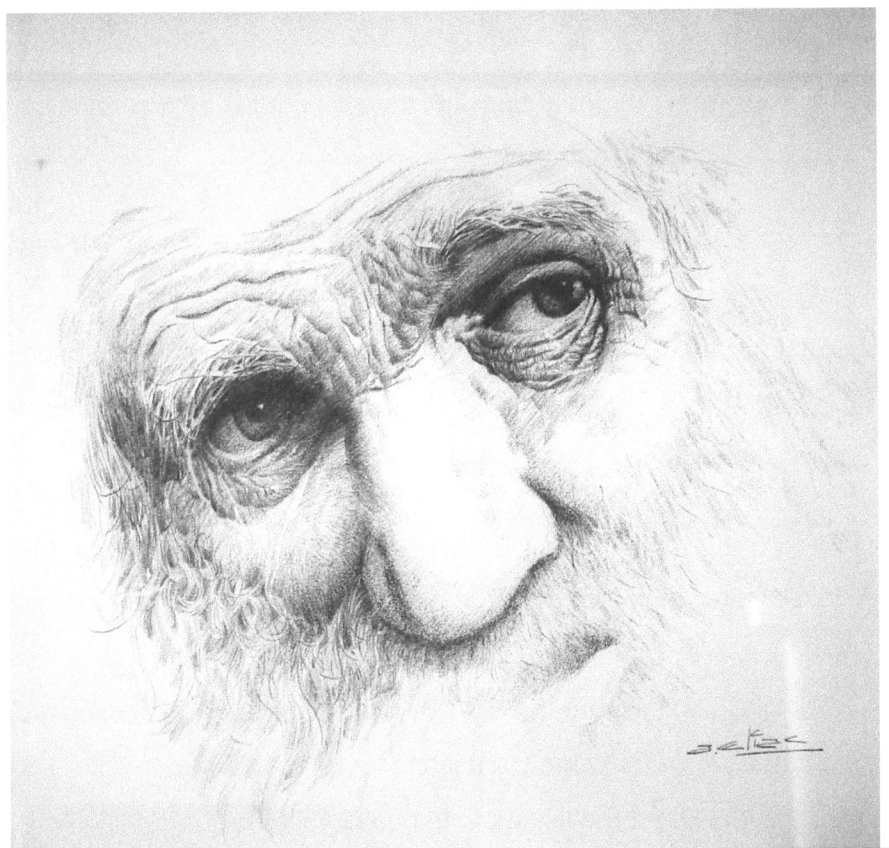

dureza). Si deseamos que las líneas aparezcan suaves emplearemos lápices cuyas minas sean de numeración H (H1,2,3,4 etc.), si por el contrario pretendemos que la mina marque, que el trazo aparezca con mayor oscuridad, utilizaremos minas B (B1,2,3,4, etc.).

En el dibujo que aparece a la izquierda se han empleado minas de HB a B5.

Se ha usado, exclusivamente, la punta del lápiz. Utilizando en principio minas HB o B1 para después utilizar unas minas más blandas y obtener así los matices que aparecen en el dibujo de arriba.

Cabe también emplear lápiz graso o carbón para así resaltar más los tonos oscuros. Ejemplo de ello es el dibujo de una mano (a la derecha).

En esta ocasión se han empleado lápices cuyas minas entraban dentro de la gama B y una vez concluido el dibujo, se han resaltado los negros empleando lápiz graso para lograr una mayor profundidad.

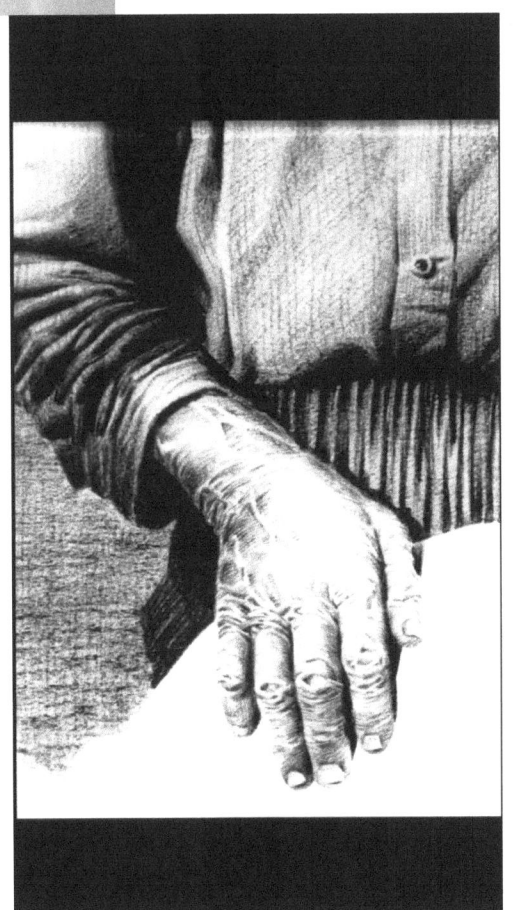

También resulta importante, qué duda cabe, utilizar el papel adecuado. No todo el papel que se encuentra a la venta "para dibujo" sirve para lograr el efecto o acabados deseados. No cabe intentar ahorrar con el material, el resultado siempre será catastrófico o al menos muy inferior al que hubiéramos podido obtener utilizando lápices y papel de buena calidad.

Se debe probar el grano del papel que vamos a emplear, yo utilizo papel Schoeller o a falta de éste, papel Caballo, algo satinado y preferiblemente montado sobre cartón. Si se emplea un papel con demasiado grano resultará difícil conseguir un dibujo detallado. (Personalmente me siento más cómodo trabajando con un papel satinado, sin apenas grano). No obstante, cada artista debe experimentar con el medio hasta encontrar aquél con el que mejor se identifica.

En los dos dibujos que preceden a estas líneas vemos que el primero (la cabeza del viejo) ha sido realizado sobre un papel Schoeller satinado en tanto que en el dibujo de la mano se ha empleado un papel Caballo con algo de grano y, en ambos casos, se trataba de papel montado sobre cartón (caso de no encontrarlo puede sustituirse por papel de alto gramaje, mínimo 300 g/m^2). Tampoco es mala opción el papel Winsor & Newton (de gramaje alto); esta marca garantiza que cualquier producto que adquieras será de una calidad superior. Decir que es mi marca preferida para todo tipo de material.

Añadir que debe comenzarse realizando un boceto muy poco marcado, sólo líneas que nos guíen en el acabado (empleando minas, como máximo, HB). Posteriormente pasamos a trabajar el detalle utilizando minas más blandas, insistiendo una y otra vez buscando la oscuridad máxima y reservando los blancos. No es conveniente intentar obtener los blancos, una vez concluido el dibujo, a base de goma de borrar ya que, si utilizamos el lápiz graso o minas muy blandas, con la goma nunca se logrará el blanco del papel en su grado máximo e incluso es posible que aparezcan zonas sucias.

Es conveniente que sobre el dibujo se coloque un papel (un folio en blanco, por ejemplo) de forma que la mano descanse sobre él y no sobre el dibujo, caso contrario es probable que el lápiz, sobre todo cuando trabajamos con minas blandas, se emborrone.

Fiinalmente, sé criticó con tu obra, no aceptes un dibujo desproporcionado. Si no sabes bien como detectar errores haz como dije: coloca el dibujo frente a un espejo y observa su reflejo, esto hará que resalten los defectos. Si la desproporción es muy grande y no sabes cómo solucionarlo, deshazte del dibujo y empieza de nuevo. No sientas "lastima" por una obra mal realizada.

b) El pastel.

Si hablábamos de la importancia de los medios a utilizar en los dibujos a lápiz, al tratar el tema del dibujo al pastel la importancia de los mismos se agudiza.

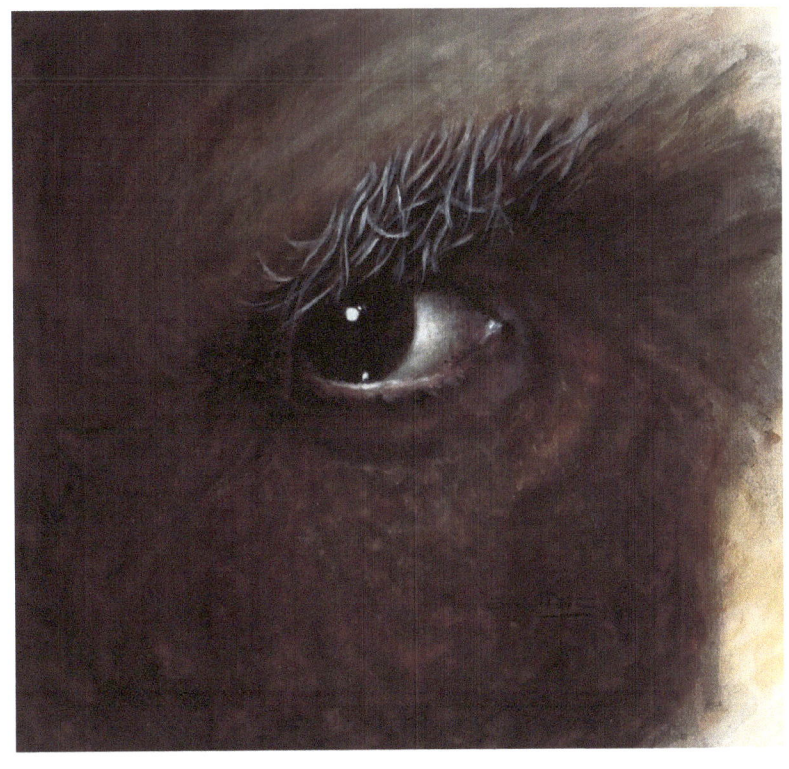

Existen un sinfín de papeles que se anuncian como óptimos para el uso del pastel y todos ellos (o al menos gran parte) poseen demasiadas rugosidades que impiden un dibujo bien acabado (se pretende facilitar la adhesión de los colores). No obstante, he de decir que resulta necesario que el papel tenga una cierta textura ya que las barras de pastel, sus partículas, deberán fijarse al mismo. Tales texturas van desde el propio papel de embalar o el destinado a acuarelas hasta incluso el papel Ingres coloreado.

Por su parte los colores presentan un sinfín de durezas y es el propio artista el que debe probar y elegir aquellos con los que mejor se desenvuelve. Personalmente prefiero los que pueden considerarse "blandos" y me inclino por marcas tales como Rembrandt.

Aunque el presente trabajo, inicialmente, no contemplaba el dibujo/pintura al pastel, al menos me veo en la obligación de referirme a él por cuanto que se trata de una técnica que se encuentra a medio camino entre el dibujo y la pintura y sobre la que caben infinidad de técnicas y combinaciones con otros medios (raspados, aguadas, bases de oleos, etc.). Debo aclarar que, al contrario de lo que sucede cuando utilizamos óleos, debemos comenzar trabajando los tonos claros para ir gradualmente oscureciéndolos, sin que ello sea obstáculo para que, concluida la obra, podamos utilizar blancos puros para obtener las luces ya que con un poco de práctica lograremos que el blanco se fije sobre otros colores.

Si te inclinas por este medio deberás investigar en profundidad y consultar otras obras específicas, yo, reconozco, me encuentro muy lejos de dominar esta hermosa técnica; sí he realizado algunos dibujos —antes reproduje un par de ellos— y a su vez he probado la mezcla con el carbón e incluso el óleo, muestra de ello es el dibujo/pintura que aparece arriba y a la derecha del texto. Se trata de un tema que empezó siendo un dibujo a lápiz para posteriormente emplear barras blandas de pastel. No satisfecho con el resultado obtenido, utilicé un pincel mojado y fui difuminando los colores para concluir con el óleo. El resultado no me desagradó.

Tanto los estilos como las técnicas son abundantes. Algunos artistas, como es el caso del que fue conocido como *Erik el Belga* (E van den Berghe) gustaban de trabajar el pastel a modo de lapicero de colores, sin utilizar grandes capas de pintura (ejemplo de ello es el dibujo de la derecha).

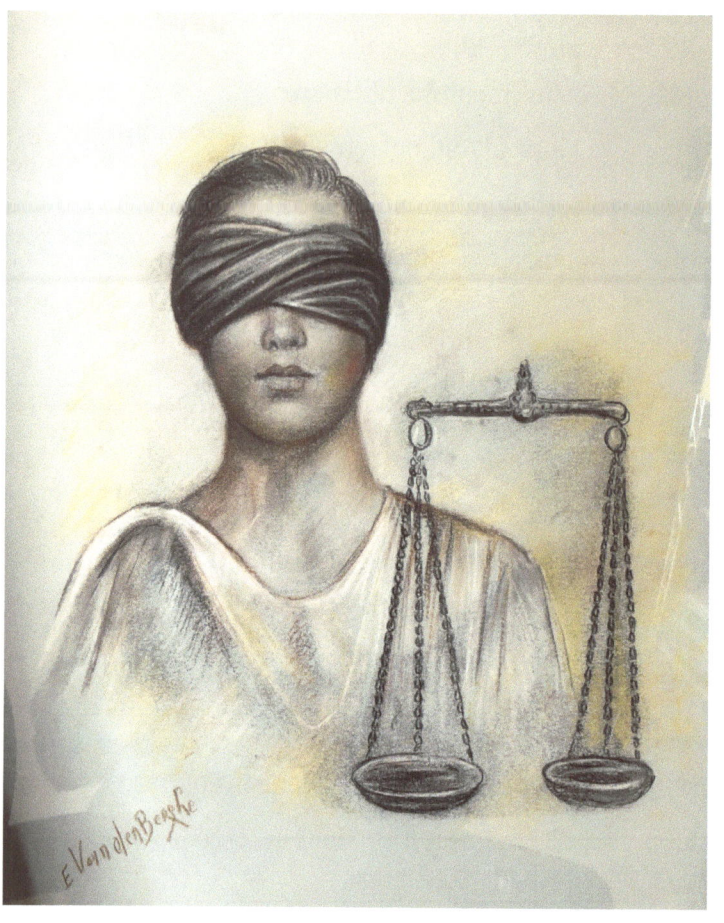

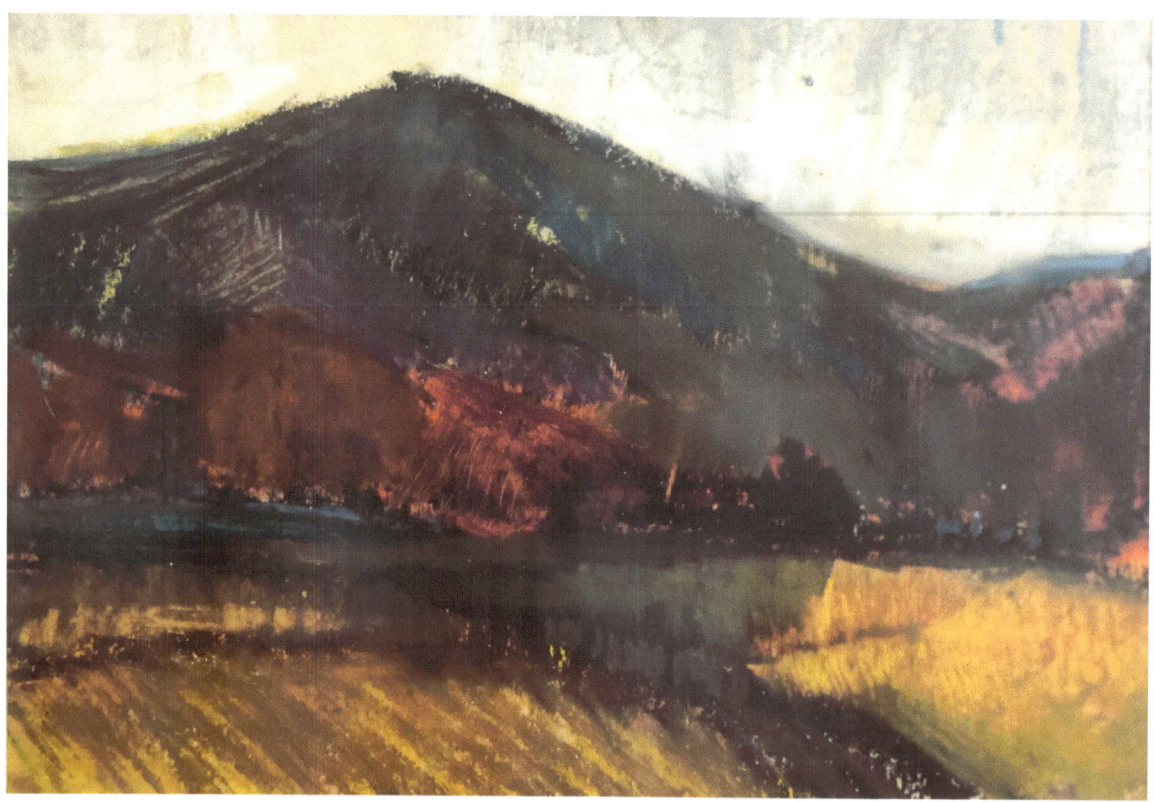

Por otro lado, es perfecto para el paisaje, tema a su vez que recomendaría a todos aquellos que quisieran iniciarse en esta técnica, y ello por cuanto que permite la utilización de los colores de forma libre y a su vez plantea menos problemas que la figura. Una muestra de lo expuesto la reproduzco en la página anterior. Es un paisaje de autor desconocido. Adquirí la obra en una subasta sin preocuparme por el nombre, simplemente me gustó el tratamiento dado al paisaje, valiente y de rasgos rápidos.

c) *La plumilla.*

Este es el medio, junto al lápiz, en el que mejor me desenvuelvo (reconozco que soy más dibujante que pintor). Su técnica, como anuncié, ofrece especiales dificultades y tal vez por eso hoy no se emplea o se utiliza por contados artistas. La mayor parte de dibujantes la sustituyen por rotuladores o por lo que denominan "Bolígrafos de Cómic" cuya punta permanece fija en sus líneas y no muestra dificultad alguna en sus trazos, pero tampoco matices.

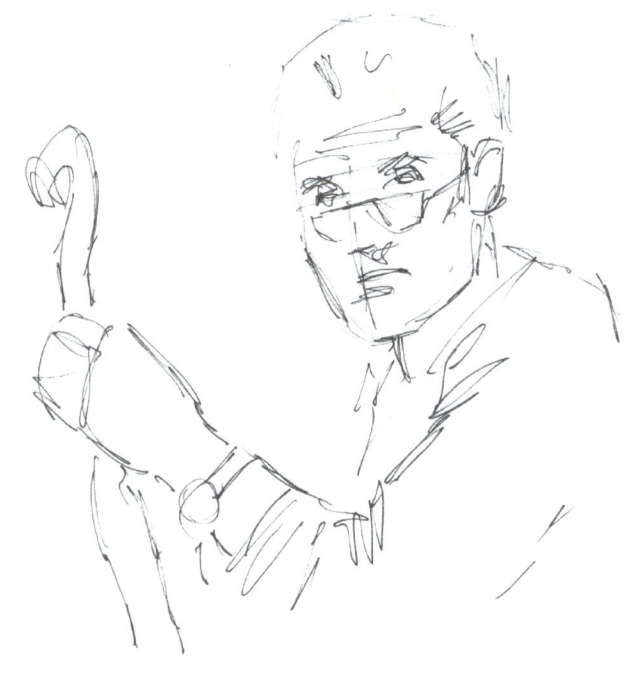

La plumilla podríamos decir que tiene sus antecedentes en el dibujo a la caña (método curioso que ofrece resultados muy peculiares) y se trataba de, como su nombre indica, utilizar una caña a la previamente se le había afilado la punta y se encontraba abierta por su mitad.

Como cualquier otra técnica debe comenzarse por confeccionar un boceto sobre el que trabajar.

El boceto puede ser de mayor o menor detalle, pero es preferible dejar los detalles a la pluma y que el lápiz de base tan sólo sea una guía (eso sí: el boceto debe contemplar unas proporciones perfectas ya que la plumilla va a guiarse por él y no caben modificaciones). Los trazos no pueden modificarse una vez realizados (algunos artistas utilizaban la punta de una hoja de afeitar para "raspar" la parte o líneas del dibujo que no resultaban de su agrado, pero ello deja el papel marcado por mucho que se pretenda disimular). Reproduzco los pasos seguidos para le realización de una plumilla que, como se verá, perfectamente pudiera acabar en ilustración.

Como se dijo, comenzamos por realizar un boceto muy simple (a lápiz) que nos servirá de guía para la plumilla. Guiándonos por tal boceto empleamos la plumilla completando el dibujo tanto como deseemos (yo prefiero dejar zonas a la imaginación del espectador).

Resulta importante decir que el papel a utilizar debe ser satinado (a ser posible Schoeller montado sobre cartón) y las plumillas a elegir, las mejores, son las Joseph Guillot's c. 179, si bien resulta sumamente difícil encontrarlas pueden utilizarse otras numeraciones. Una vez concluida (seca la tinta) pasamos por encima del dibujo la goma de borrar (yo utilizo una maleable porque me parece que limpia el papel mejor) y podemos entender concluida la obra la cual, en este paso, puede ser tanto un dibujo a exponer como una ilustración. No obstante, si deseamos que aparezca como pura ilustración damos un paso más y procedemos a "colorearla" (el mismo boceto nos habría servido para realizar un óleo como luego veremos al tratar dicho medio artístico).

Deseando transformar la plumilla en ilustración a color, procedí a darle una capa de acuarela y este fue el resultado.

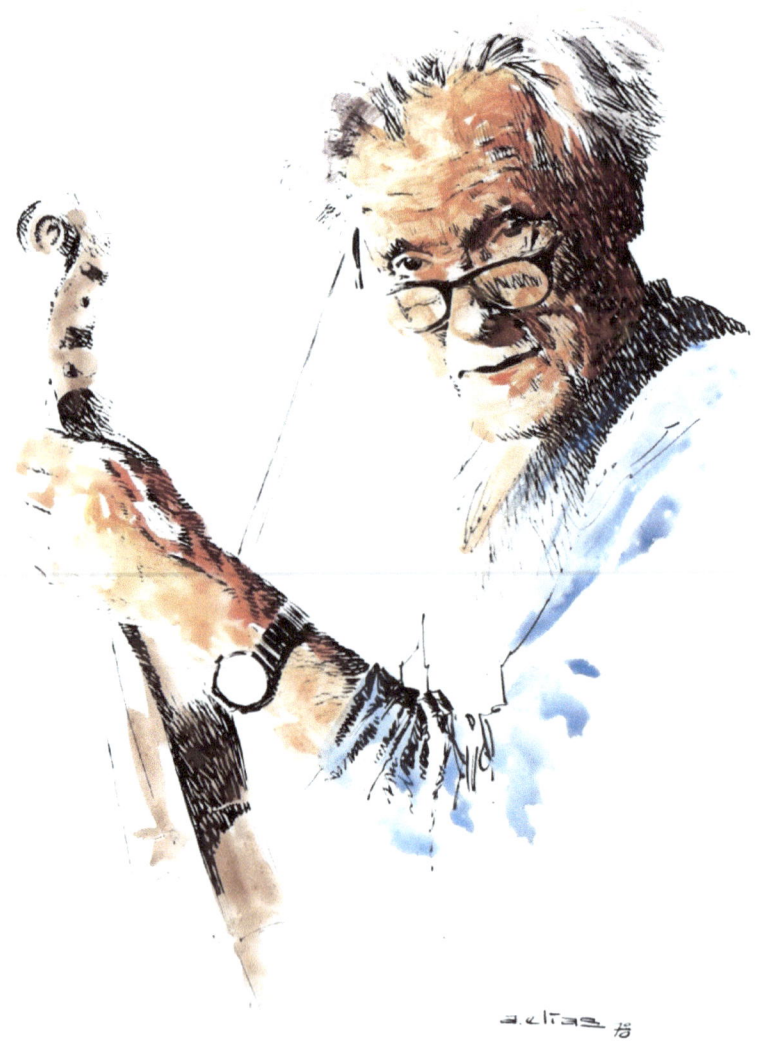

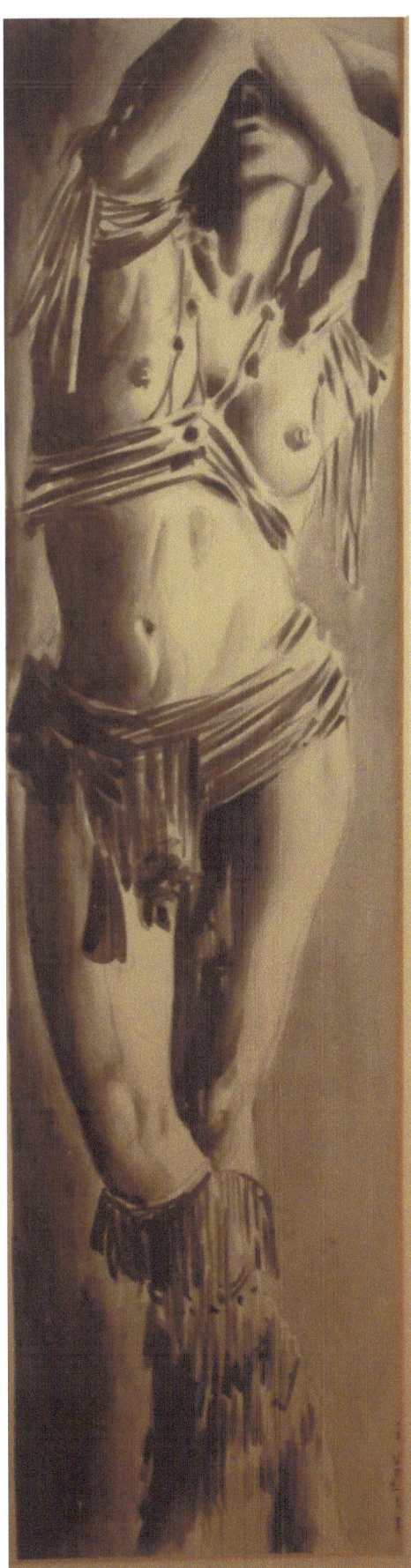

d) *La aguada.*

Por un momento me olvidé de una técnica, hoy en desuso, que resulta a todas luces interesantísima, me refiero a "la aguada". Consiste en dibujar con un solo color en toda su gama de grises, exactamente negro de tinta china. Se moldean las formas entre luces y sombras, comenzando por una aguada muy diluida de tinta para ir oscureciendo las manchas progresivamente. Podríamos decir que realizamos una acuarela con un solo tono, el negro y toda su gama de grises. Se obtiene un resultado muy interesante.

Otra forma de aguada es la que se realiza sobre, por ejemplo, la plumilla que, una vez acabada la obra y en lugar de "colorearla" se dan toques de luces y sombras con tinta china diluida.

Reproduzco dos ejemplos de dicha técnica. El primero, la mujer, fue dibujada sobre un cartón gris y se recortó la figura con tonos más oscuros. Por su parte con el viejo simplemente se procedió a "aguar" el dibujo resaltando mejor las luces y sombras. El efecto resulta atractivo y, quizás, sirviera para una ilustración.

Para la realización, utilizo un plato (en plan rústico) en el que deposito una pequeña cantidad de tinta china y tomando con el pincel (en este caso de pelo de marta) parte de ella la voy diluyendo en agua para obtener determinados matices, comenzando, siempre, de lo claro a lo oscuro y reservando el espacio de los blancos (no resulta adecuado "el truco" de emplear gouache blanco para sacar las luces).

DIBUJA, PINTA, ILUSTRA.

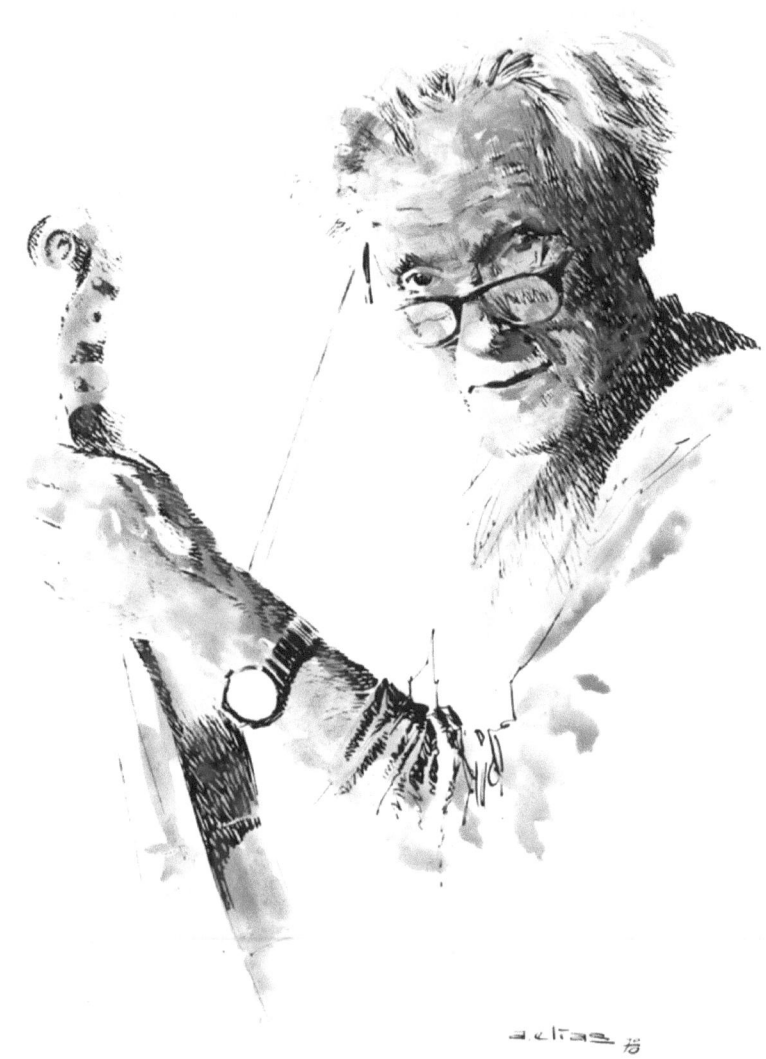

III. PINTA.

Dentro del tratamiento del color existen infinidad de medios, así como de técnicas (quizás tantas como artistas). Pero, sin dudas, de todos ellos "el rey" es el óleo y ello a pesar de que grandes maestros han destacado utilizando otros medios, como podría ser el anteriormente citado pastel (todos recordamos las famosas bailarinas de Edgar Degas que parecen no tener que envidiar nada a los mejores oleos). Sin embargo y pese a los muchos intentos de competir con el óleo, todo resulta en vano.

Las acuarelas, por ejemplo, siempre han sido consideradas como un "arte menor" (en siglos pasados eran las preferidas por las mujeres, como un entretenimiento), e igual camino le siguen el gouache o témpera (en castellano) y el acrílico, —medios acuosos— destinados o utilizados en gran parte por los ilustradores y algunos pintores.

Existe (temo) una especie de miedo reverencial hacia el óleo que obliga a probar otras técnicas o medios de color de secado más rápido. Es cierto que para determinados trabajos (como las ilustraciones) resulta más cómodo un medio acuoso que —seca al instante— en vez de uno oleoso cuyo secado tarda en ocasiones incluso varios días. (Decir que algunos artistas pintan sobre mojado, mezclan los colores en el propio lienzo). Por otro lado, no hay que olvidar que el óleo se conserva mejor con el paso del tiempo, su soporte —tela o madera— es más resistente que el papel.

He probado todas las técnicas/medios de pintura, en mayor o menor medida, y, sin lugar a dudas, sigo manteniendo la primacía de la pintura al óleo. En consecuencia, voy a centrar este pequeño trabajo en la técnica del óleo (sin perjuicio de cuanto ya dije sobre el pastel).

III.I. CONSEJOS Y TÉCNICAS.

El óleo resulta extraordinariamente versátil. Permite trabajar en húmedo o en seco —según el resultado que busques— y puedes rectificar cuantas veces quieras, una capa cubre a la otra, si así lo deseas. Además, no puedes olvidar, que es el medio empleado por los grandes maestros. Puedes trabajar el hiper realismo, el impresionismo, o pintar temas como paisajes, marinas, bodegones; utilizar pinceles o espátulas, no importa: el óleo es el rey.

Si comienzas ahora a utilizar los óleos mi consejo es que te inicies con temas de poca dificultad (bodegones, paisajes), temas cuyo dibujo base puedas realizarlo sin complicaciones, sabiendo que el óleo va a cubrirlo todo y que deberás pintar con los colores; a pesar de ello mi recomendación es que conviene realizar un dibujo lo más detallado posible, sin importar que luego desaparezca bajo las capas de pintura. Busca el juego de luces y sombras y no te olvides: empieza con los tonos oscuros para ir aclarando y siempre de graso a magro, esto es: comienza pintando las zonas oscuras (no las más oscuras del cuadro, las intermedias) y usa los colores diluidos en esencia de trementina (no emplees aguarrás que mata el color a la vez que te asfixia). Poco a poco añade más pigmento puro mezclado con Liquen o médium para óleo (si no tienes dicho producto confecciónate tu propio medio —recuerda que el empaste, el color sin diluir, debe reservarse para el final del cuadro—, un medio que no perjudique la calidad del color. Yo empleo la siguiente mezcla: 50% de Esencia de trementina; 25% de Aceite de lino y 25% de barniz de Dammar).

Los soportes sobre los que pintar el óleo son todos los imaginables: cartón, tabla, lino, esterilla, etc. Eso sí: puede resultar interesante que antes de comenzar con un medio distinto al lienzo preparado lo trates adecuadamente con gesso (tiza en italiano y que no es otra cosa que una base de color blanco) o con pintura acrílica si deseas dar una base de color. La preparación es importantísima, de ella va a depender que trabajes cómodamente o que te resulte un martirio pintar (algunas tablas o cartones absorben el color de inmediato y debes utilizar los colores muy diluidos para poder hacer que el pincel corra, es complicado). Un buen truco consiste en dar un color cálido (rojos) a la base si el tema va a ser tratado con colores fríos (azul), o utilizar el opuestos de base sobre el que vas a entonar (base azul, tonos amarillos como finales, por ejemplo).

El hecho de referirme a paisajes o bodegones como temas más sencillos significa que las complicaciones del dibujo van a ser menores que en la figura y, evidentemente, como el trazado o bosquejo inicial va a desaparecer bajo la pintura te verás en la necesidad de dibujar con el propio oleo y si no dominas tal medio las dificultades se incrementarán. En suma y como dije: busca temas sencillos, con pocos problemas a resolver, paisaje "planos" sin mucha perspectiva o bodegones sencillos de dibujar. Evita en un principio tanto la figura humana como los retratos o las calles en las que aparece una perspectiva compleja.

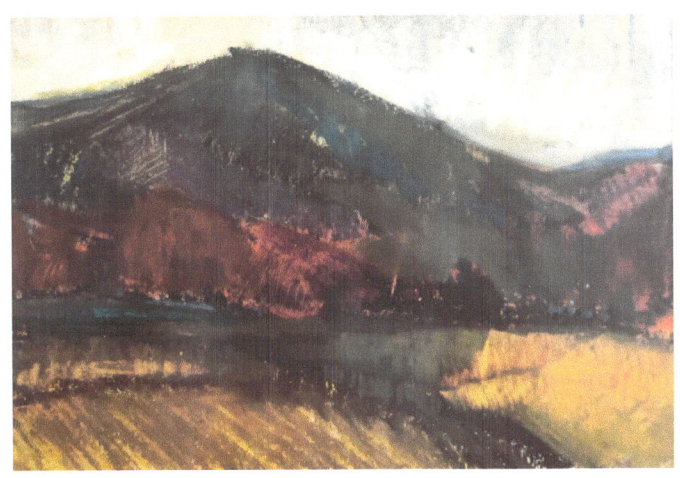

Vamos a realizar dos apartados en relación a la pintura al óleo, uno referido a la dificultad y otro a las técnicas y en ambos pondré ejemplos ilustrativos para mejor exposición del tema a tratar, veamos:

a) Temas según dificultad.

a.1.- El paisaje y el bodegón.

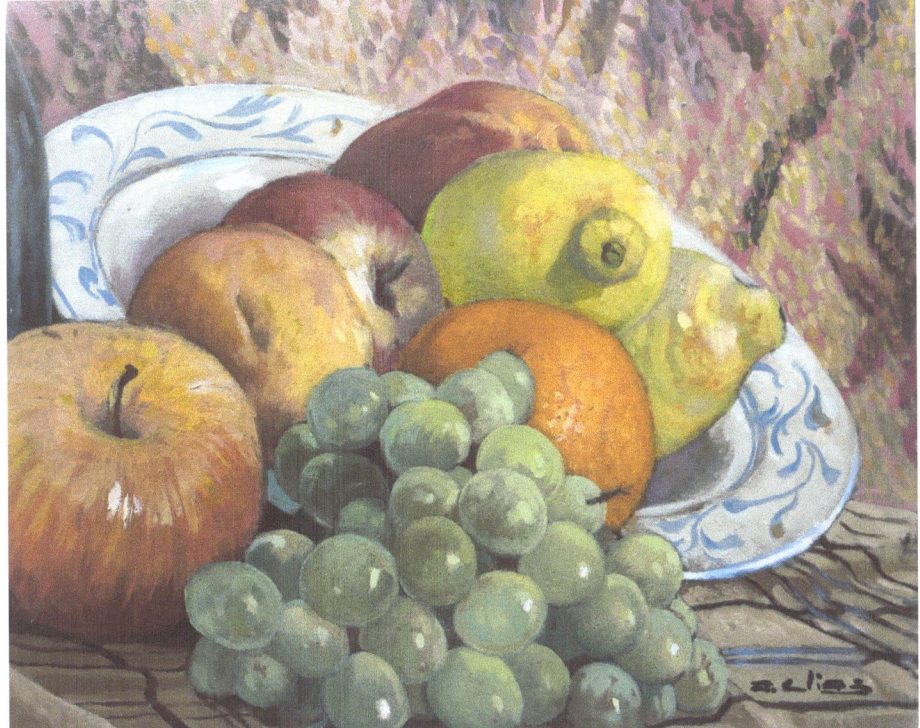

Si optamos por comenzar dibujando - pintando bodegones para adentrarnos en el conocimiento del óleo, debemos buscar aquellos temas, como dije, que planteen poca dificultad, recordando que el óleo "tapará" nuestro dibujo y tendremos que, en un momento dado, dibujar con colores, algo que en principio no resulta sencillo. Un tema perfecto para empezar es el paisaje que reproduje cuando hablé sobre el pastel y que ahora, de nuevo, represento. Como puede apreciarse no plantea grandes problemas de dibujo o perspectiva, se trata de mezclar colores en busca de una imagen agradable al ojo. Si quieres inspirarte o buscar temas para practicar, puedes ver las obras de Paul Cézanne [1] y comprobar que en muchas ocasiones el dibujo no resulta complejo. Copia, no te sientas mal por hacerlo. Si copias a grandes maestros algo de ellos quedará en tu pintura.

Un bodegón que tampoco presenta grandes problemas es el que realicé ya hace algo más de dos décadas —imagen página anterior— (no me gustan los bodegones, ni las naturalezas muertas, ni los paisajes, soy eminentemente figurativo; adoro el cuerpo humano y los rostros, sobre todo los de ancianos).

Que no se me interprete mal, en ningún momento desprecio a los paisajistas, he conocido a muchos de ellos cuyas obras resultaban, sin más, extraordinarias y de una delicadeza increíble. Por citar a un par de amigos puedo hablar de los paisajes de Franck Cubells (q. e. p. d.). Uno de ellos es el que reproduzco ahora. Puede apreciarse una gran sensibilidad, un "toque" maestro y a más, el dibujo ha sido realizado con los colores, no existe bajo la pintura ningún rastro de carboncillo lo que demuestra un perfecto

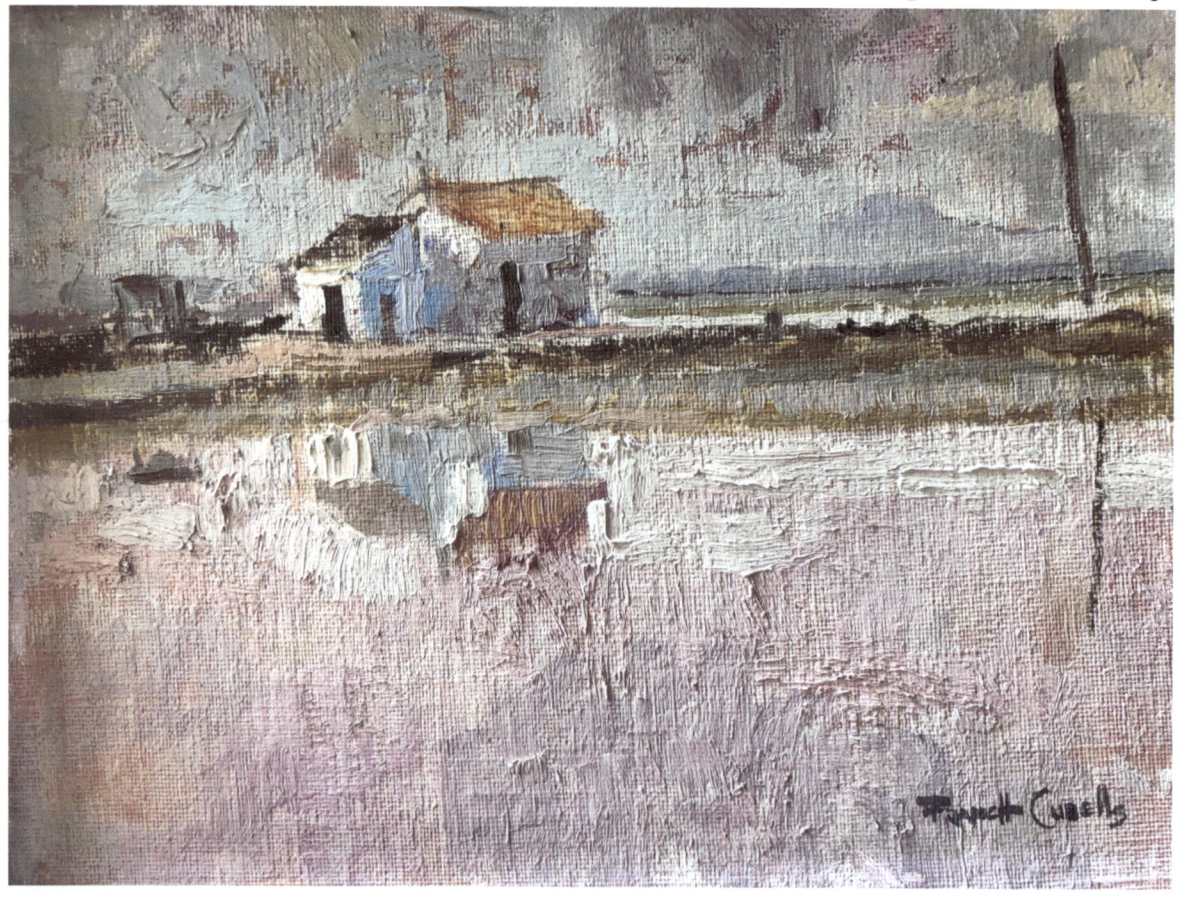

---
[1] Evidentemente, por razones de © no puedo reproducir ninguna obra del autor. Las obras que se reproducen en este pequeño tratado son de mi propiedad. Bien las he realizado yo, bien las he comprado o, en último caso, han sido un obsequio de compañeros pintores.

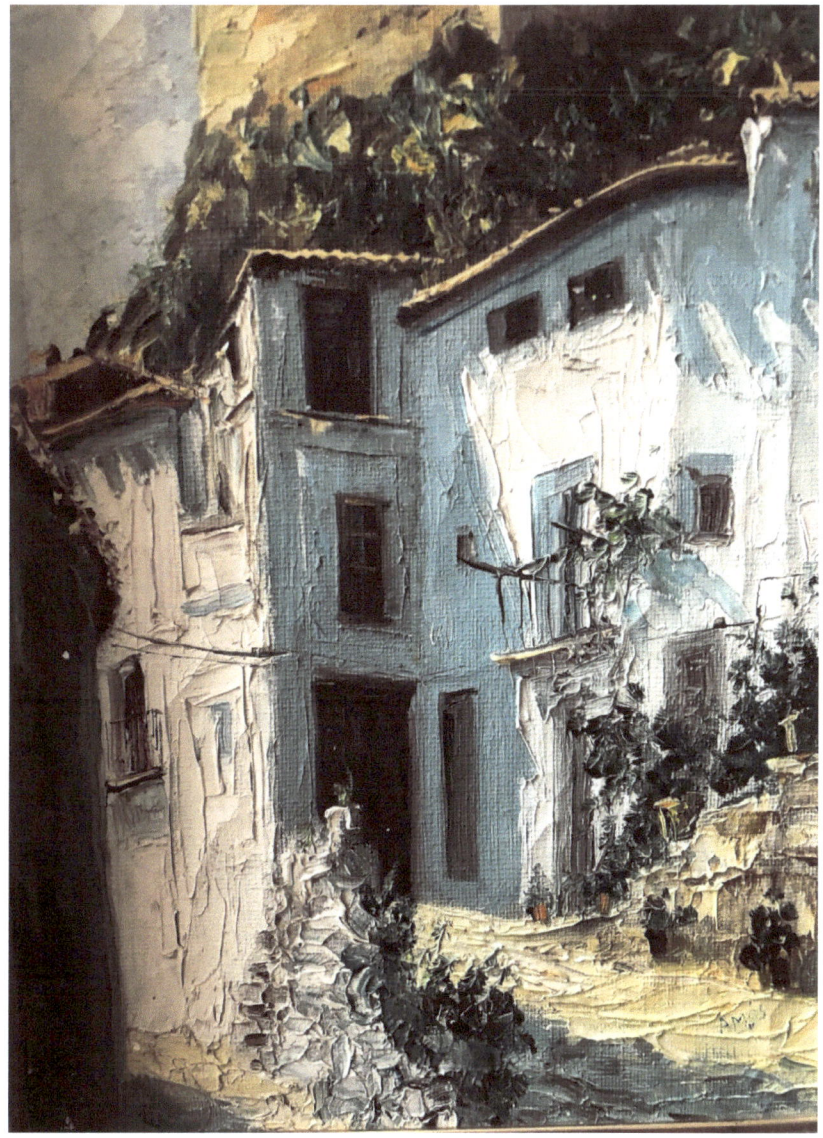

conocimiento tanto del color como del dibujo (está realizado "a la prima").

En relación con la pintura de paisajes efectuado directamente con los colores, sin dibujo o boceto previo, he de referirme a otro estimado compañero; un pintor con el que salí en varias ocasiones a buscar temas entre la naturaleza, a pintar del natural (pocas veces he pintado paisajes y si lo he hecho en alguna ocasión ha sido empleando como modelo algunas fotos tomadas por mí, como es el caso de las barcas que más adelante reproduciré).

Bien, el artista al que me refiero, Amós, demostraba su pasión por los paisajes; paisajes que realizaba a una velocidad increíble y cuyo resultado está a la vista.

Ciertamente, la luz está conseguida y el dibujo, la perspectiva, también.

Puede apreciarse como utilizaba el color "empastando" para las zonas claras (sobre todo los blancos de las luces) en tanto que los tonos oscuros se logran utilizando poco pigmento, aguados. Incluso se ha buscado que el propio blanco de la pared aparezca con las señales de la espátula que simula una fachada envejecida por los años.

Continuando con los bodegones, reproduzco ahora uno que realice por encargo para EEUU; buscaba la luz, el juego de luces y sombras y en este caso sí que, previamente, el tema fue minuciosamente dibujado con carboncillo (es importante recordar que el dibujo realizado con carboncillo sobre lienzo debe ser fijado con un producto especial, por ejemplo, el de Talens art creation —Concentrated fixative— ya que de no hacerlo, con las primeras pinceladas, el carbón desaparecerá emborronando al óleo).

Puede resultar agradable realizar unas flores sin dibujo previo alguno. Aquí reproduzco un ejemplo de ello. El cuadro se ha realizado directamente dibujando con los colores muy diluidos. Como puede apreciarse el lienzo está sin terminar y lleva

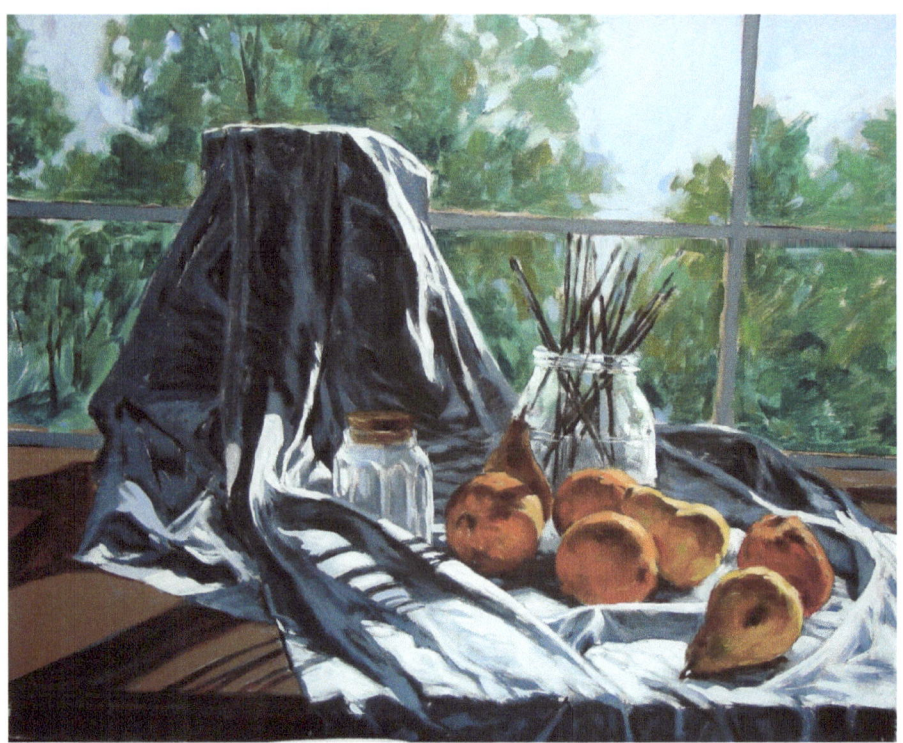

así cerca de quince años, dudo que lo concluya algún día (mi pasión por la figura y el retrato).

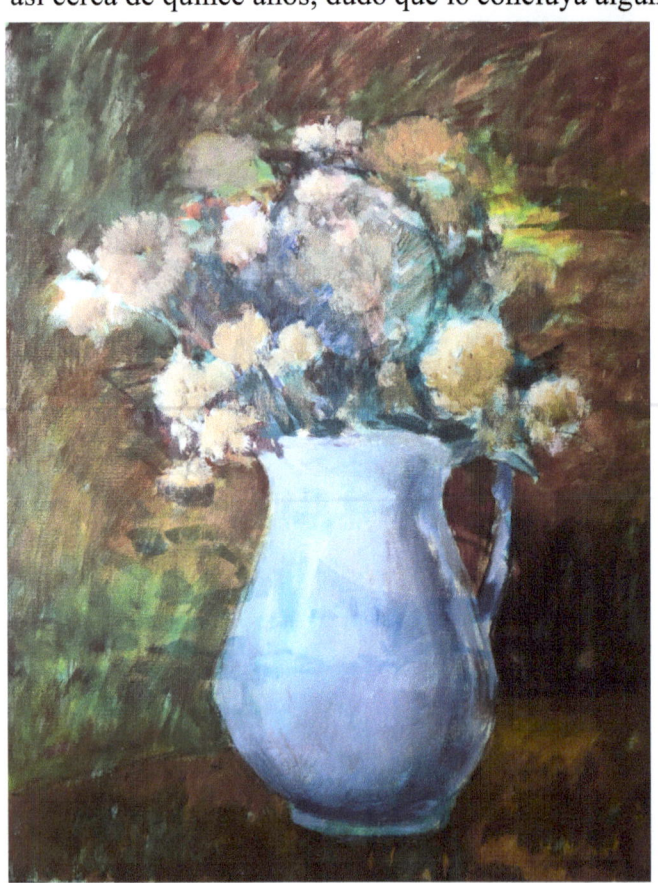
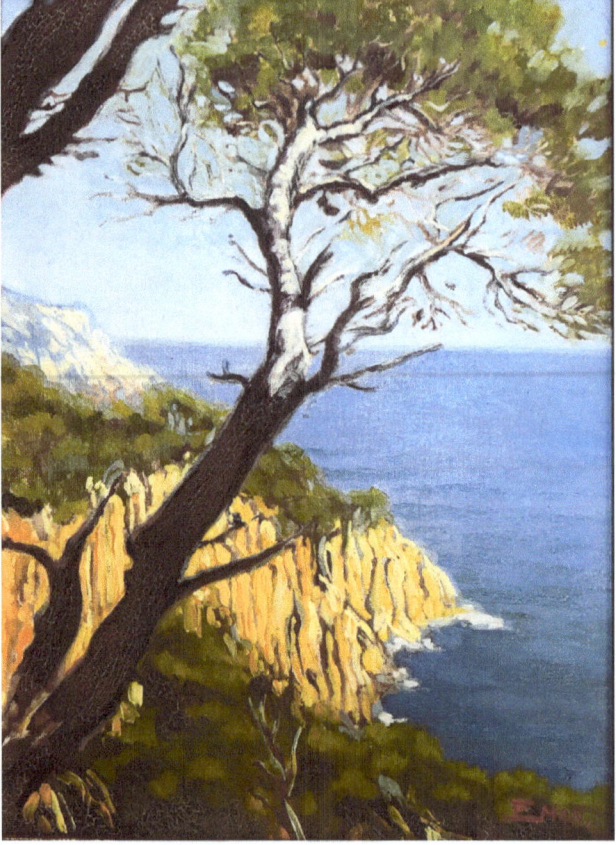

Volviendo a los paisajes, y con una dificultad intermedia, debido a la perspectiva que se observa, el siguiente cuadro sí ha necesitado de una preparación o bosquejo previo, bosquejo en el que se ha cuidado el dibujo y la profundidad. Puede apreciarse como el artista ha cuidado las líneas que confluyen en el horizonte. Se aprecia perfectamente la profundidad y el mar ha sido tratado con delicadeza. A la hora de hablar de dificultad en relación al paisaje no puedo dejar de referirme a al impacto de los colores, el necesario dominio de los mismos. La armonía de colores, en tales temas, es esencial y sin ella el cuadro no pasará de ser una obra sin interés.

Debemos conocer la paleta en la que trabajamos, debemos investigar si somos de ese grupo de pintores que necesitan colocar en la paleta cuantos más colores mejor o por el contrario somos de aquellos que necesitan los colores bases y poco más. Yo pertenezco al grupo de los segundos. Mi paleta cuanta con poco más de nueve colores, en esencia: amarillo; ocre; azul ultramar; azul celeste; bermellón; tierra sombra natural; siena tostado; negro marfil y blanco. El verde lo obtengo mezclando el amarillo y el azul o el amarillo y el negro (en ocasiones he usado el verde Viridian). Mi consejo es que inicialmente utilices el menor número de colores posibles, que los mezcles y estudies los resultados. Utiliza los bases (azul, amarillo, rojo, blanco y negro) y mezcla una y otra vez, investiga. El color es un don, pero puede aprenderse con tenacidad. Si quieres ver coloridos virtuosos, si deseas ver cómo reaccionan al estar próximos, estudia a los impresionistas, en especial a Manet y a Monet. Ellos descubrieron el color y la luz.

a.2 El paisaje marino.

Con un poco más de dificultad, un tema interesante son los barcos y no sólo por el dibujo de sus formas sino por las dificultades que plantea pintar el mar y sus reflejos, que en muchas ocasiones resulta irreal (como cartón ondulado). Es un tema muy trillado, lo sé, pero no por ello pierde belleza si logras superar las dificultades y el dibujo de base resulta perfecto, sin desproporciones, descansando los barcos y el resto de elementos perfectamente dentro de los planos del horizonte.

He realizado varios temas de barcos empleando distintos estilos y nunca he quedado totalmente satisfecho con el resultado, siempre había "algo" que no cuadraba. Insisto: lo mío es la figura y el retrato.

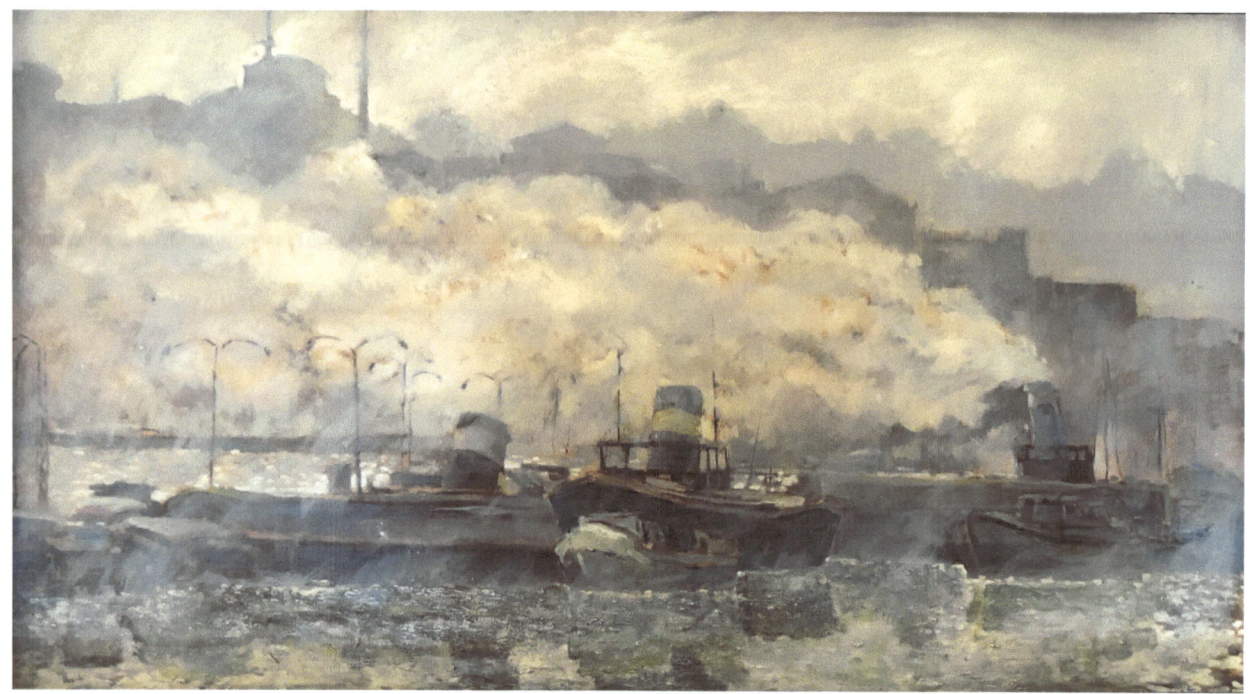

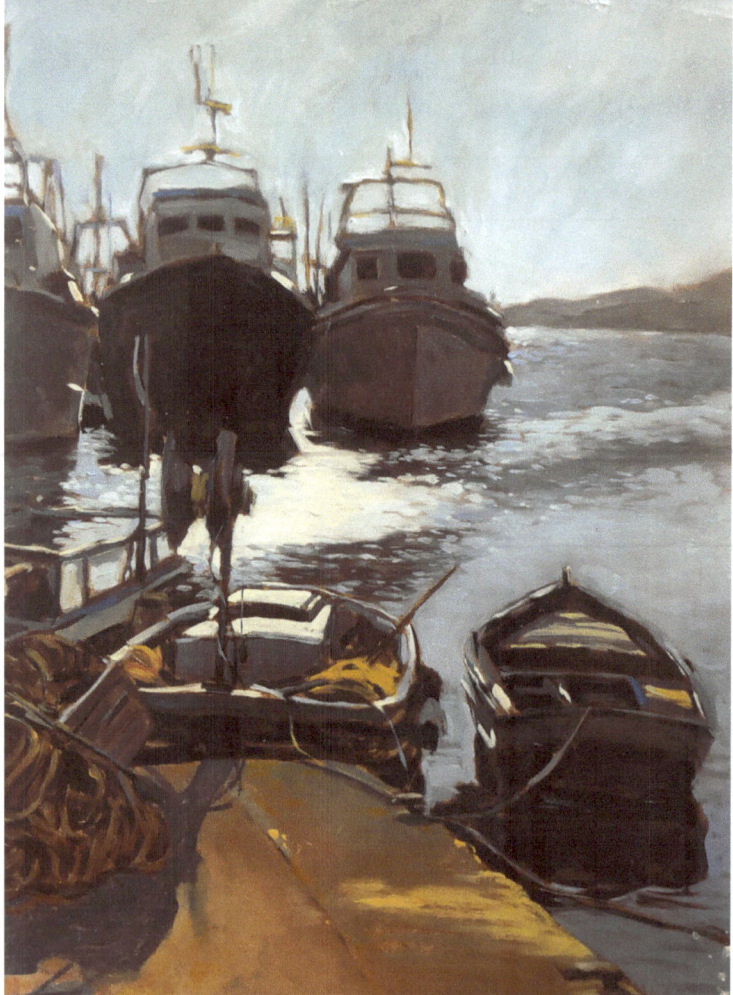

No obstante, he de reconocer que en este cuadro el dibujo se logró y los colores resultaron armónicos. Quizás lo más conseguido sea el barco central, los reflejos y la neblina. Debo confesar que el tema no fue copiado del natural, me limité a interpretar una foto que resultaba ser de mi agrado.

Otro tema de barcos lo realicé, esta vez sí, del natural. Tomé apuntes de forma tal que las proporciones y la perspectiva fueran las correctas. Puse un poco de color al dibujo e hice una foto del lugar. Ya en mi estudio lo trasladé todo a un lienzo y este fue el resultado final.

He de ser sincero: no quedé totalmente satisfecho con él. Por suerte o por desgracia poseo un nivel crítico muy elevado, me exijo todo cuanto uno puede imaginar y tengo la suerte de apreciar sin mayores dificultades los errores. Así, en esta obra, mi crítica se centra en la dureza de la pincelada. Está demasiado dibujado todo, casi perfilado y eso me desagrada en la pintura —salvo que sea hecho a conciencia—, o se trate de una ilustración, lo que no era el caso.

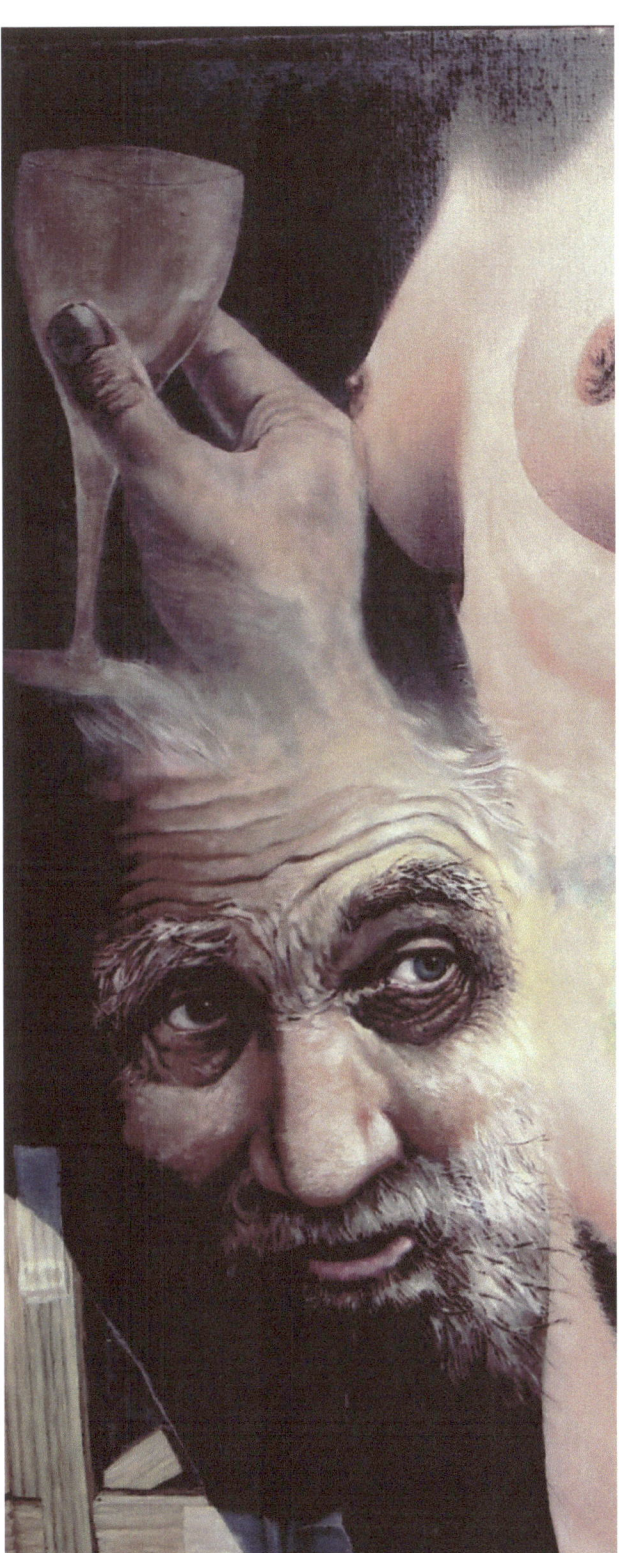

a.3. La figura humana. EL retrato.

Bien, llegamos a la parte más interesante de este pequeño tratado, la figura, el todo de una obra. Sobre ella debemos indicar que caben varias formas de tratarla, varios, podemos decir, estilos. Estilos que van desde el hiperrealismo, al impresionismo, pasando por el simple realismo (otras formas no llaman mi interés, por ejemplo, el cubismo o el llamado arte abstracto). Dicho lo cual, comenzaremos con la pintura *cuasi* hiperrealista (en mis tiempos dorados me empeñaba en lograr pinturas muy realistas, casi hiper, de esa época conservo la que reproduzco en esta página).

Me muevo o me he movido siempre entre el realismo y el impresionismo. Para trabajar el óleo en técnica realista, insisto de nuevo, se necesita un boceto completamente acabado. Se debe buscar el detalle, las luces y las sombras y una vez logrado comenzar las pinceladas de óleo, de oscuro (intermedio) a claro y usando colores muy diluidos. Repasa el dibujo, intenta con pocos colores lograr que "sobreviva" el dibujo de base, pero no te preocupes si desaparece bajo tus pinceladas, recuerda que ahora debes dibujar con el pincel, con los colores de la paleta que hayas elegido. Pero eso no quiere decir que no puedas realizar un trabajo impresionista, sin mucho detalle, buscando luces y sombras y mezclas luminosas de colores. Las

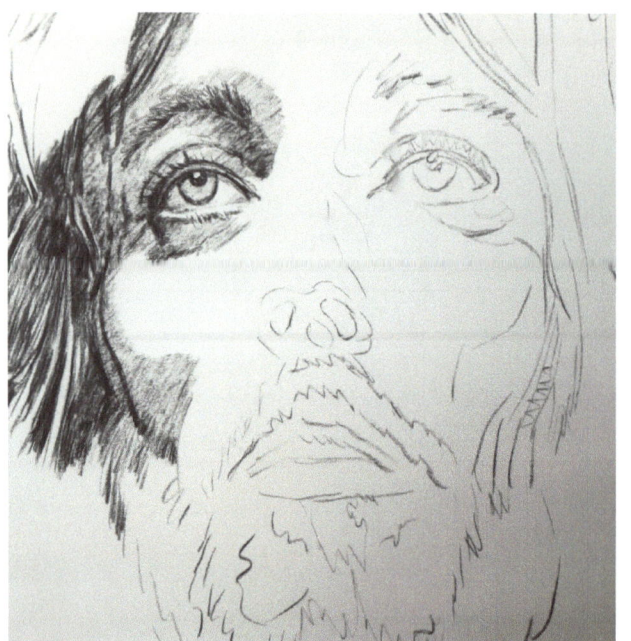 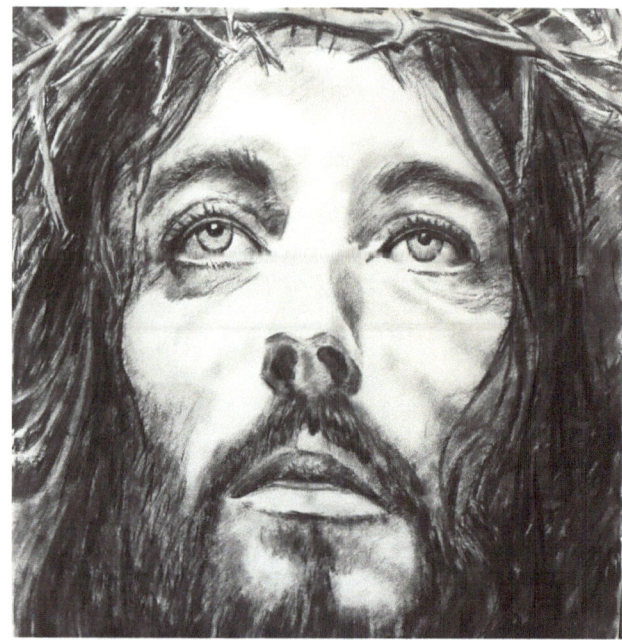

posibilidades que te brinda el óleo son infinitas. Pondré algunos ejemplos para entenderlo mejor.

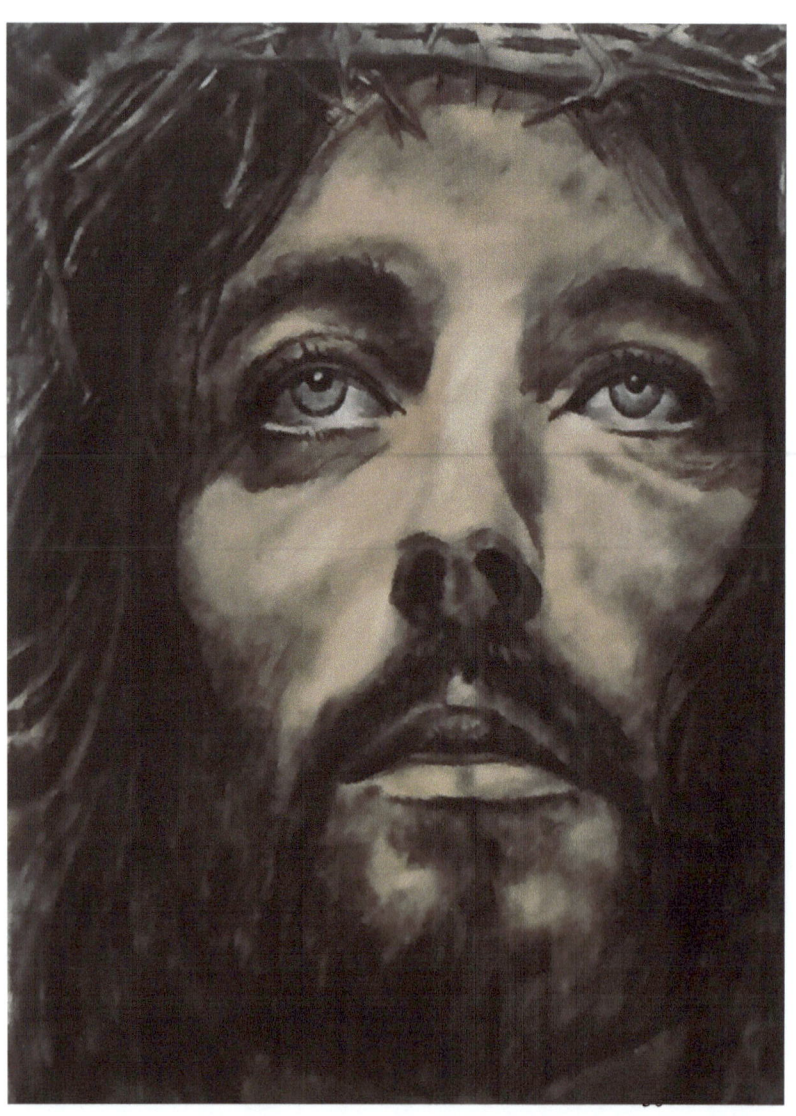

Voy a reproducir los pasos seguidos en un retrato, en un rostro: primero se puede ver un dibujo lineal, una especie de guía para el boceto (requiere mucha práctica, pero nada es imposible), a continuación, el dibujo base con detalle completo. Tras ello aparece el dibujo con una ligera aguada de color sepia e inmediatamente el dibujo se concluye con todos los colores necesarios.

Las primeras líneas, se efectuaron a carboncillo y se eliminaron (borrado con goma moldeable) las líneas que estaban de más. A continuación, el dibujo se completó empleando incluso el difumino (que a tal efecto utilicé la mano, los dedos). El paso siguiente —ojo: siempre se ha utilizado fijador antes de aplicar el color— consistió en efectuar una pequeña aguada similar a una grisalla, empleando para ello un tono tierra (sirve cualquier tono oscuro).

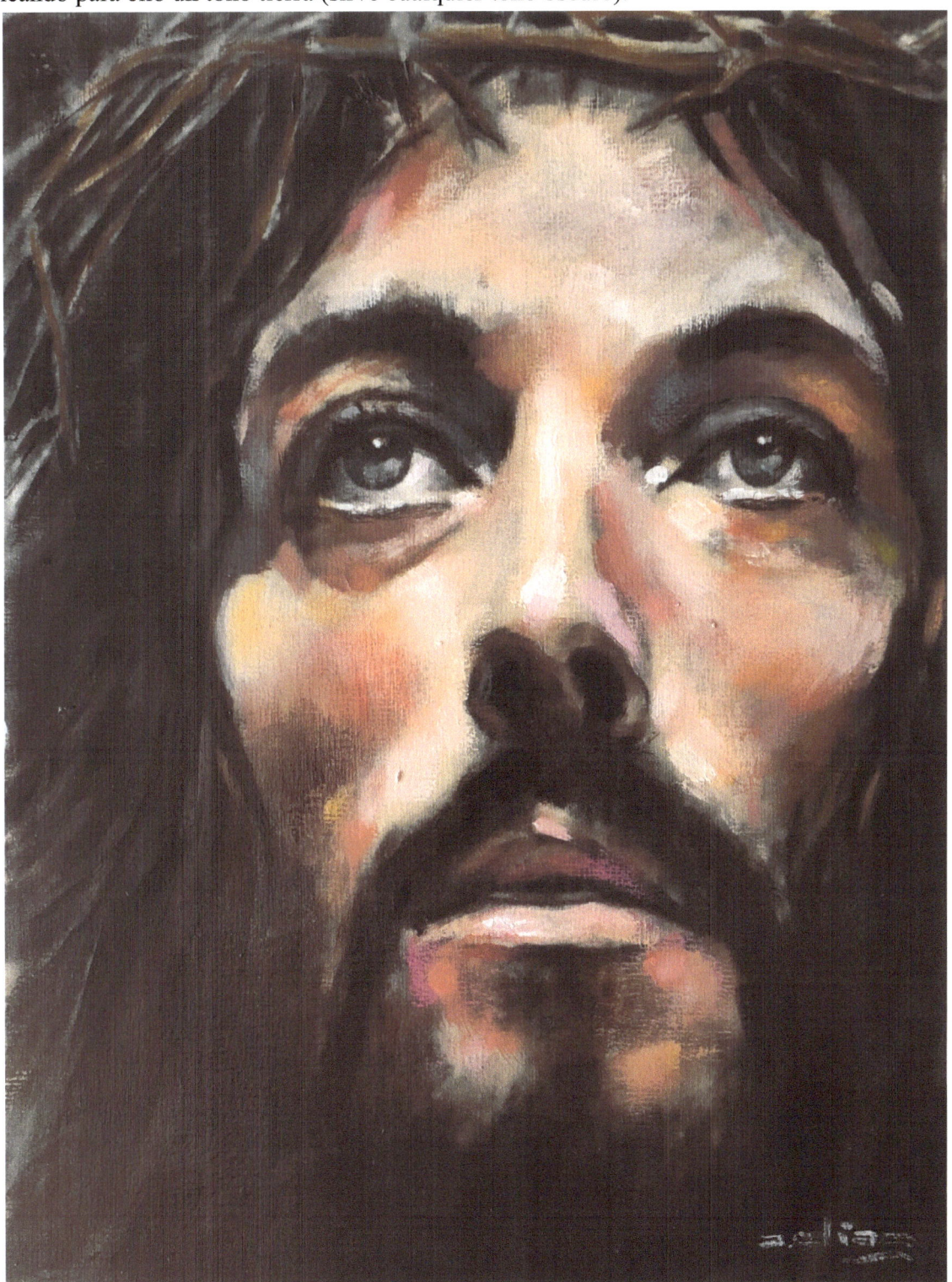

Una vez concluidos los pasos anteriores procedí a realizar el acabado de la obra con colores y este fue el resultado final. Llegado este punto sí deseo comentar algo: no existe el tono carne, muchos principiantes lo buscan y han sido tantas las peticiones que algunas marcas hoy fabrican un tono al que han llamado "carne". Recordar: la carne toma muchos matices de los colores que la rodean y en todo caso es algo personal; así vemos pintores que utilizan tonos pastel, muy claros; otros cuyas sus carnes resultan rojizas, sonrosadas o amarillas, etc. Insisto: tú eliges el tono, pero ten en cuenta que lo que rodea al retrato

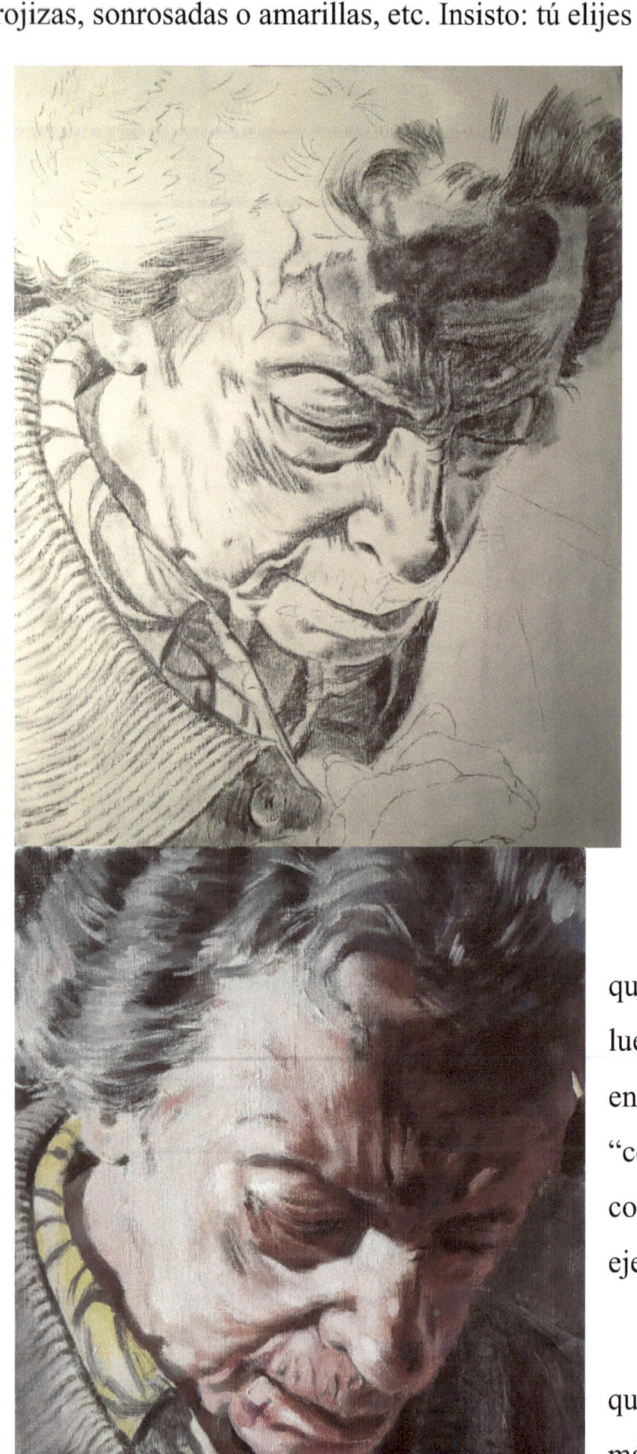

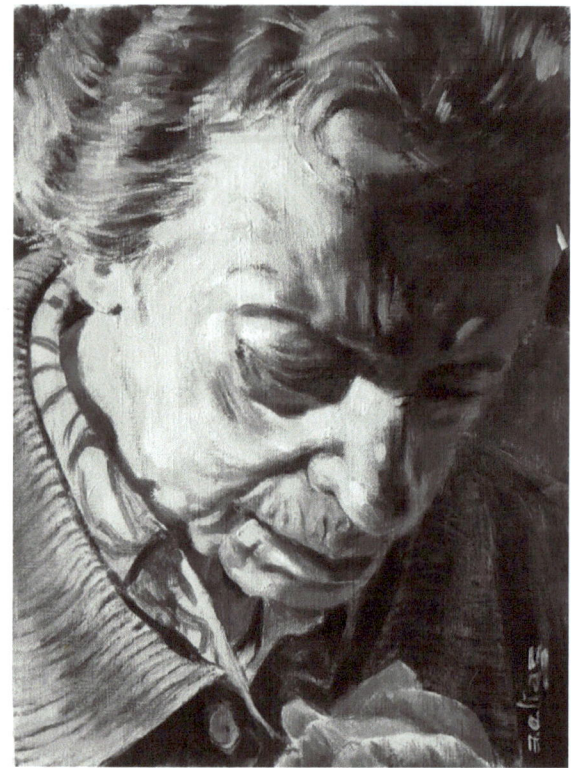

o a la figura va a incidir en "el color carne".

Otra forma interesante de trabajar el color, quizás la más antigua, es a base de veladuras, de las que luego trataré de nuevo. Me explicaré: realizas el cuadro en un solo tono (grisalla) para posteriormente "colorearlo" con pintura muy diluida y rematar el final con los blancos y tonos más oscuros. Aquí os dejo un ejemplo.

Como ya habréis comprobado, insisto mucho en que el dibujo base esté perfectamente concluido, con el máximo de detalle, aunque no todos los pintores aceptan este sistema, muchos simplemente realizan un boceto (unas líneas) para de inmediato dibujar directamente con color. No resulta sencillo tal proceso y para ello debes dominar el dibujo ampliamente y es más probable que, finalmente, crees desproporciones, desproporciones de las que te percatas una vez concluido la obra y entonces no cabe más que aceptarlas o desechar el cuadro.

La exigencia del dibujo bien acabado tiene su mayor exponente en el tema que estamos tratando, la grisalla y las veladuras, vamos a ello con mayor profundidad.

a.4 Las veladuras.

El ejemplo anterior (la cabeza de la anciana) es buena muestra de los resultados que pueden obtenerse con la referida técnica. Resultará imprescindible que terminemos, con todo lujo de detalles, el dibujo sobre el que queremos trabajar las veladuras. En principio será un cuadro unicolor que procederemos a "colorear". Para su técnica (no me gustan los productos preparados, unas veces funcionan

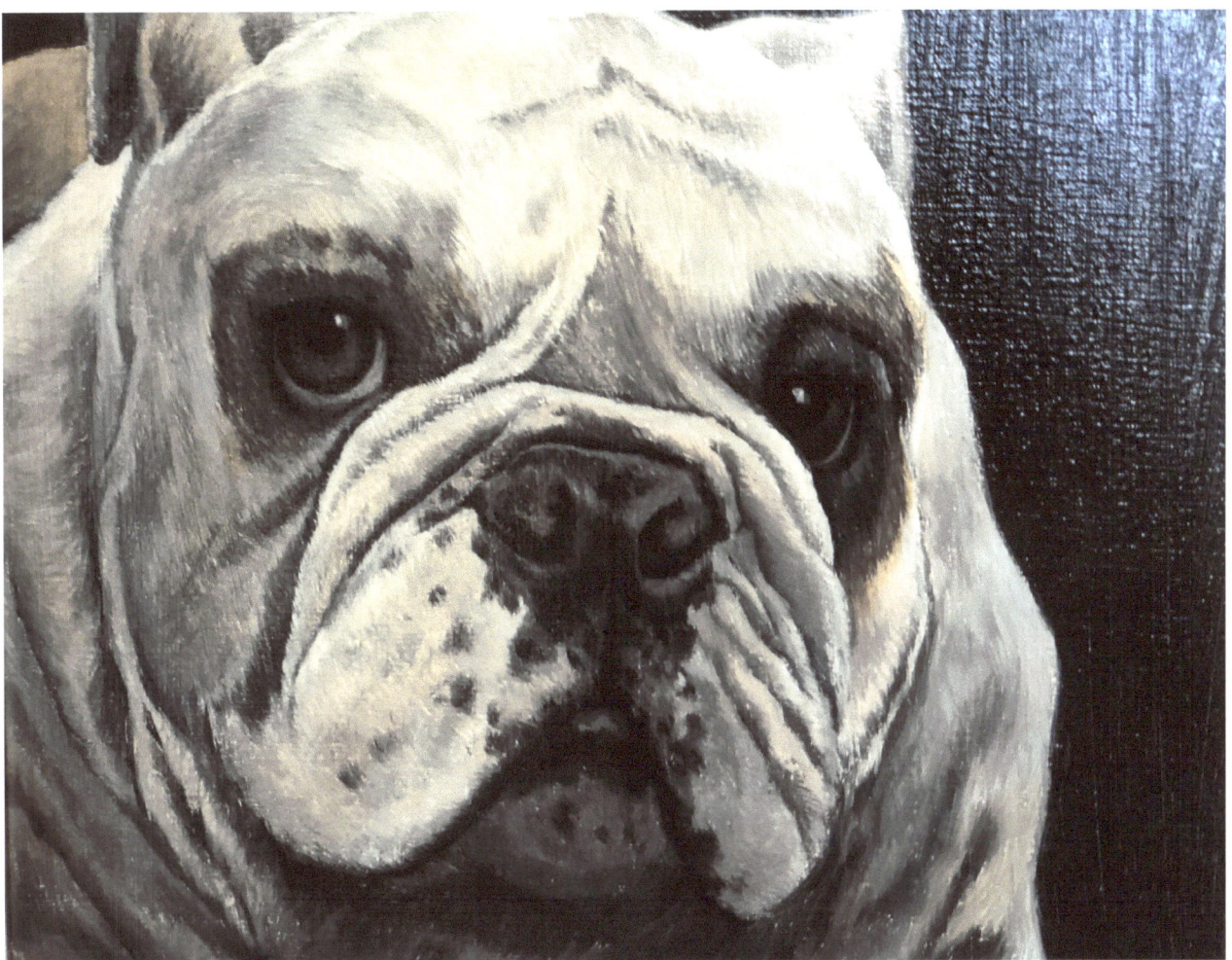

muy bien y otras fatal) empleo mis propias mezclas (las que antes indique, 50% o algo menos, de esencia de trementina; 25% o un poco más, de barniz, e igualmente 25% de aceite).

Reproduzco a continuación el cuadro que hice de mi perro, con dicha técnica.

El dibujo está realizado en tonos tierra y en las partes más oscuras he utilizado negro humo. Una vez concluido el trabajo y completamente seco, se le han dado varias pasadas de color muy diluido. Como puede apreciarse el resultado no está mal.

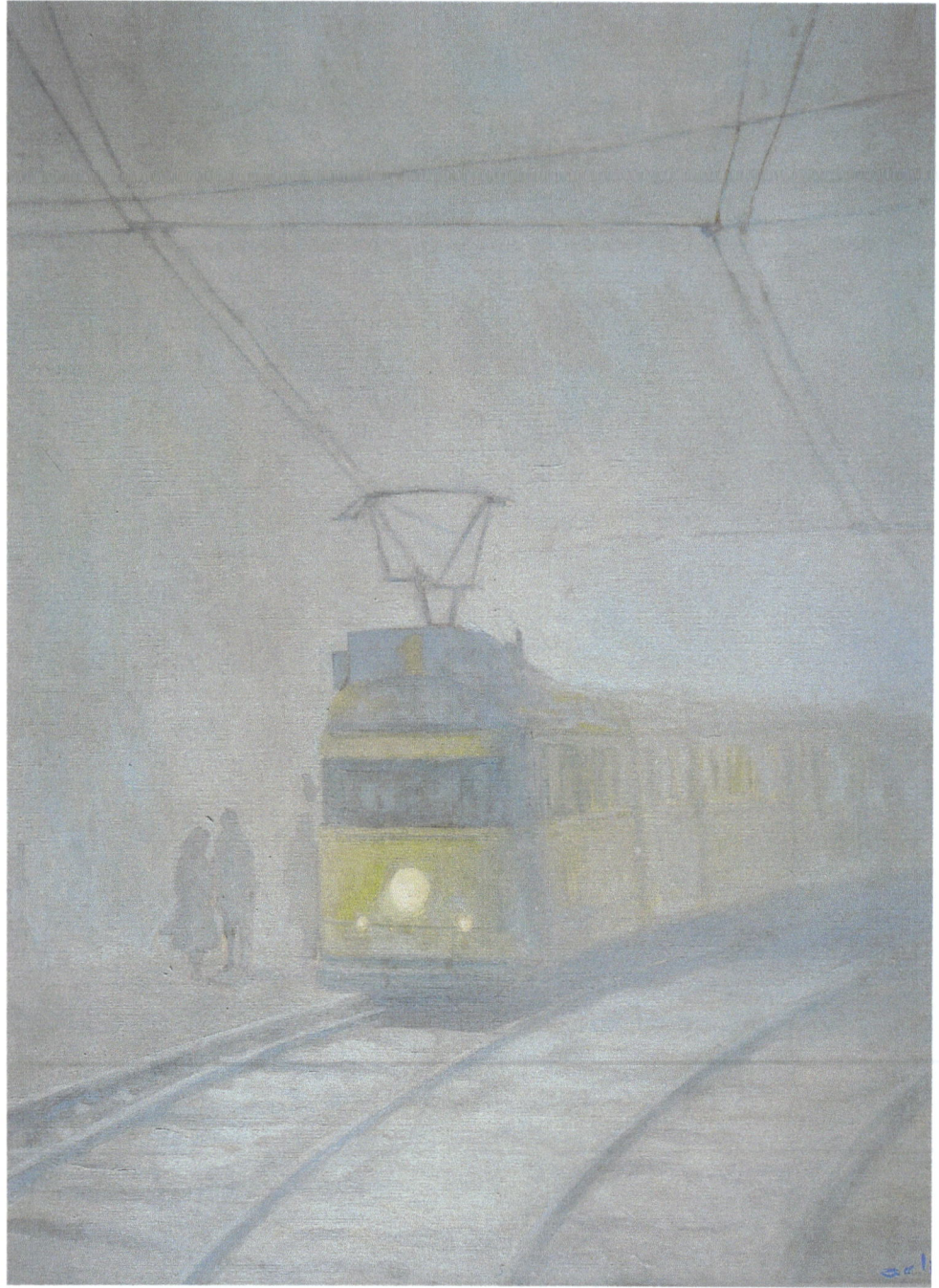

El trabajo con veladuras puede ofrecernos resultados muy satisfactorios.

Una pintura que tuvo "sus novios" y de la que siempre me negué a desprenderme (por ser la preferida de mi hermana) fue la que realicé utilizando como tema central un tren/tranvía en su estación. La reproduzco ahora y en el que la técnica empleada combina las veladuras y el pincel seco; el resultado quedó muy llamativo. No se realizó una grisalla como tal, tan sólo se dibujaron los elementos para situarlos en el plano adecuado (dibujo de líneas) y así directamente se comenzó con pintura muy diluida (dando la forma deseada con tonos medios), y realizando diversas veladuras.

a.5. Otras técnicas interesantes.

A más, puedo deciros que algunos pintores incluso previos a realizar el dibujo sobre el lienzo lo plasman en un papel de medidas similares al lienzo a utilizar en la obra final (papel de estraza incluso). Sobre él realizan la obra, con matices y con las luces que corresponden. Un ejemplo de tales artistas es

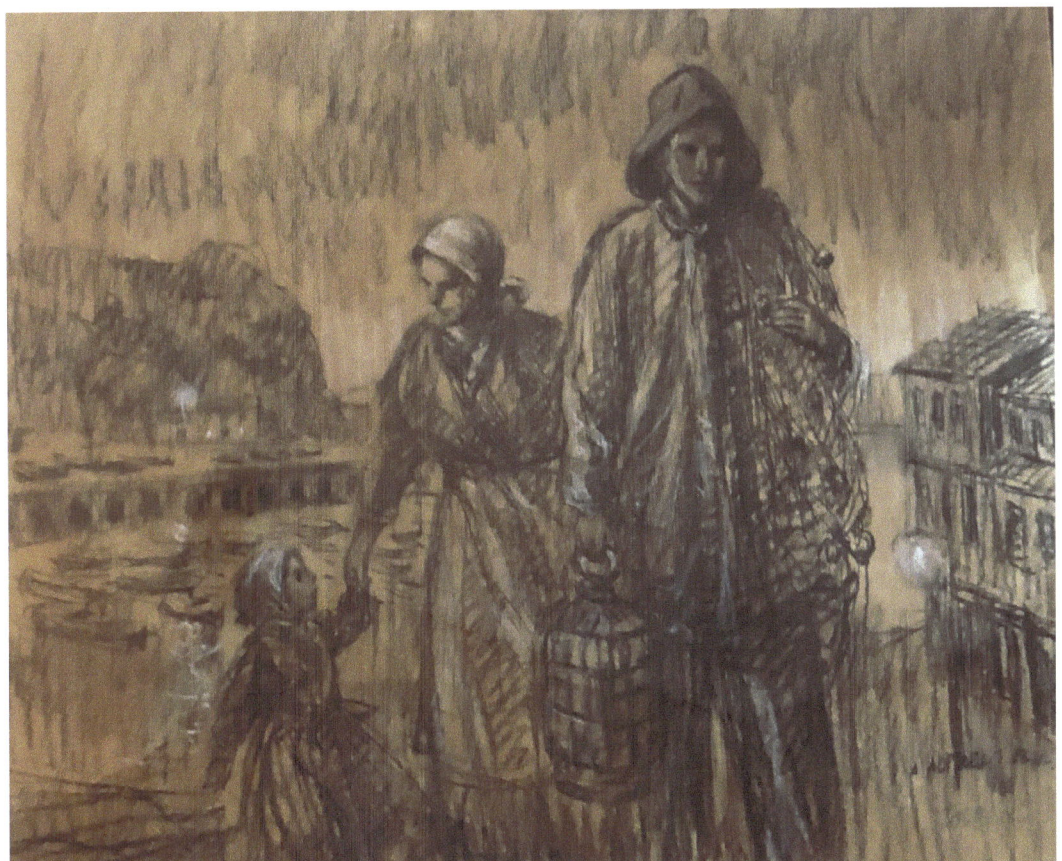

José Luis Macías, gran pintor, ilustrador y amigo mío. Reproduzco el dibujo previo a un cuadro; dibujo con el que fui amablemente obsequiado.

Como dije, se trata del dibujo previo a la obra definitiva; se realizó sobre papel de estraza y puede

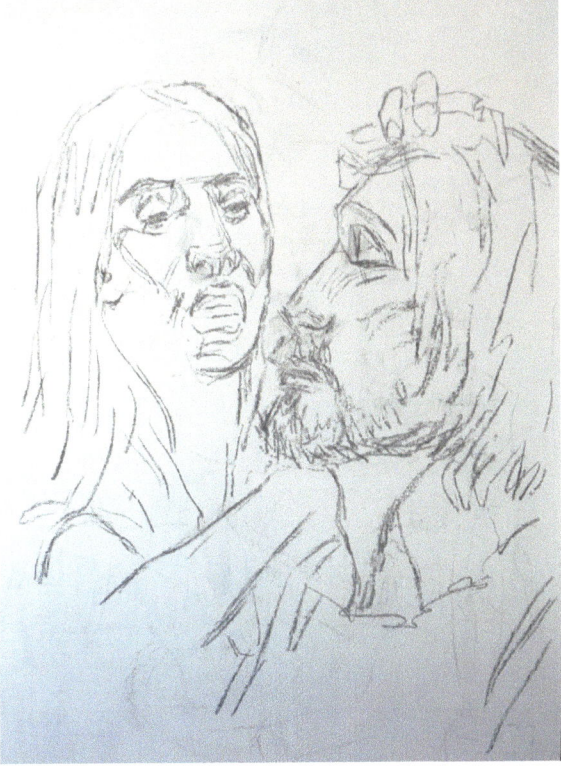
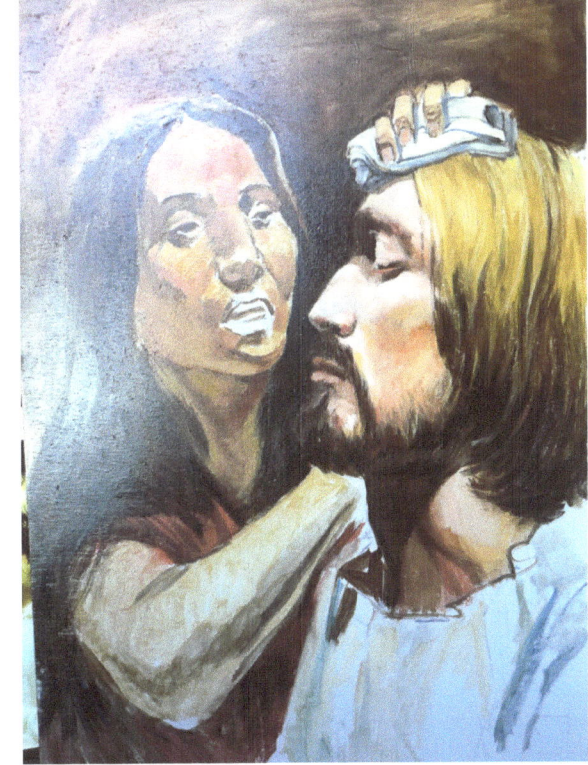

apreciarse como sitúa perfectamente las figuras en el plano y busca las luces y sombras, remarcando incluso con blanco puro (tizas) los toques fuertes de luz.

En ocasiones resulta conveniente comenzar el lienzo con unas líneas muy simples, colocando los objetos/figuras en el plano deseado, indicando brevemente las sombras e inmediatamente después comenzar a trabajar con los colores en forma de aguadas para ir dándole al cuadro las luces y sombras y a su vez ir terminando el dibujo, pero ahora ya con colores. Adjunto un cuadro (página anterior) en el que se ve cuanto digo, en él se aprecia como se han realizado unas simples líneas que nos van a servir de guía para el dibujo, y con ellas hemos empezado a manchar y a su vez a dar detalles. El dibujo presenta errores de proporciones, pero serán los pinceles/colores los encargados de corregirlos.

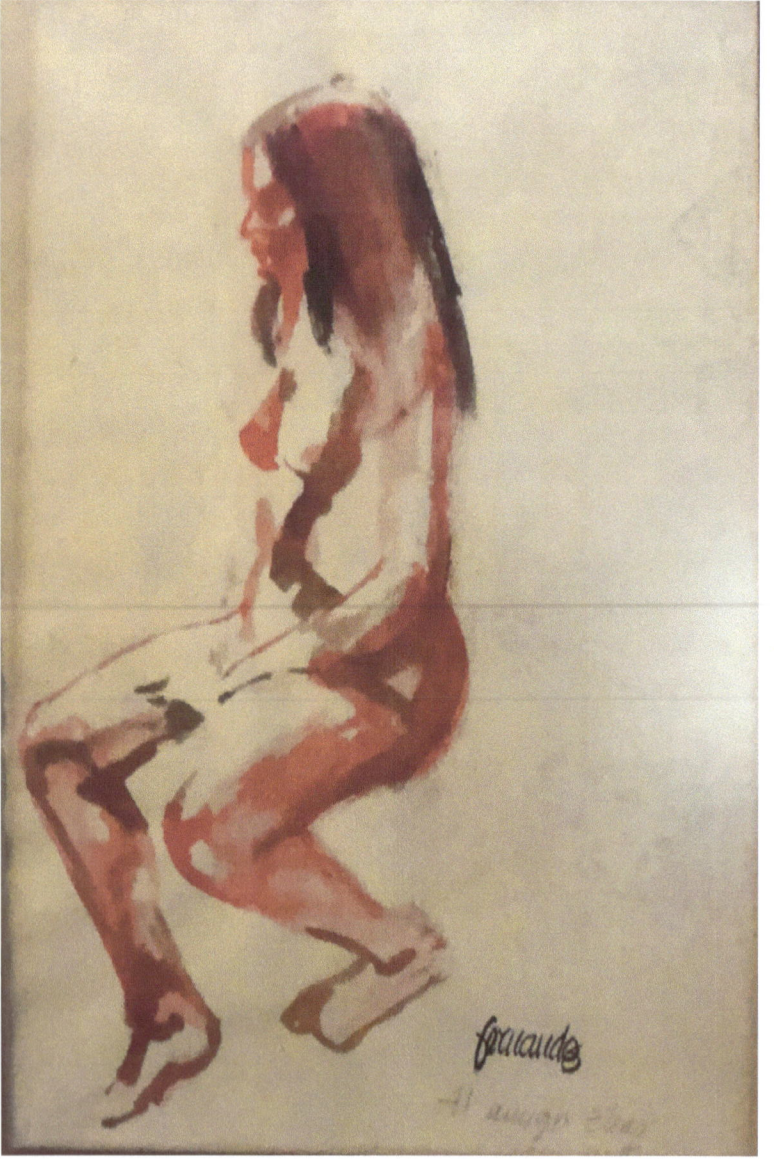

Por desdibujar o desproporcionar, no hay problema, el óleo va a tapar cualquier imperfección y podemos dibujar con los colores una y otra vez (preferentemente, si se trata de corregir, con la pintura seca). El óleo que reproduzco (página anterior) fue pintado con base mínima de dibujo (unas simples líneas para situar en el lienzo las figuras).

a.6. *El apunte y la pintura a la prima.*

Creo que es la técnica más hermosa del óleo, supone dibujar con colores sin esperar a que los mismos sequen. Se mezclan en el propio lienzo y, en todo caso, nos podemos servir de un ligero bosquejo efectuado con los propios colores (todo lo contrario a lo dicho hasta ahora). La pintura así realizada presenta una frescura difícil de igualar y para debes tener profundo dominio del dibujo, en tu mente debe estar el resultado antes de comenzar a pintar.

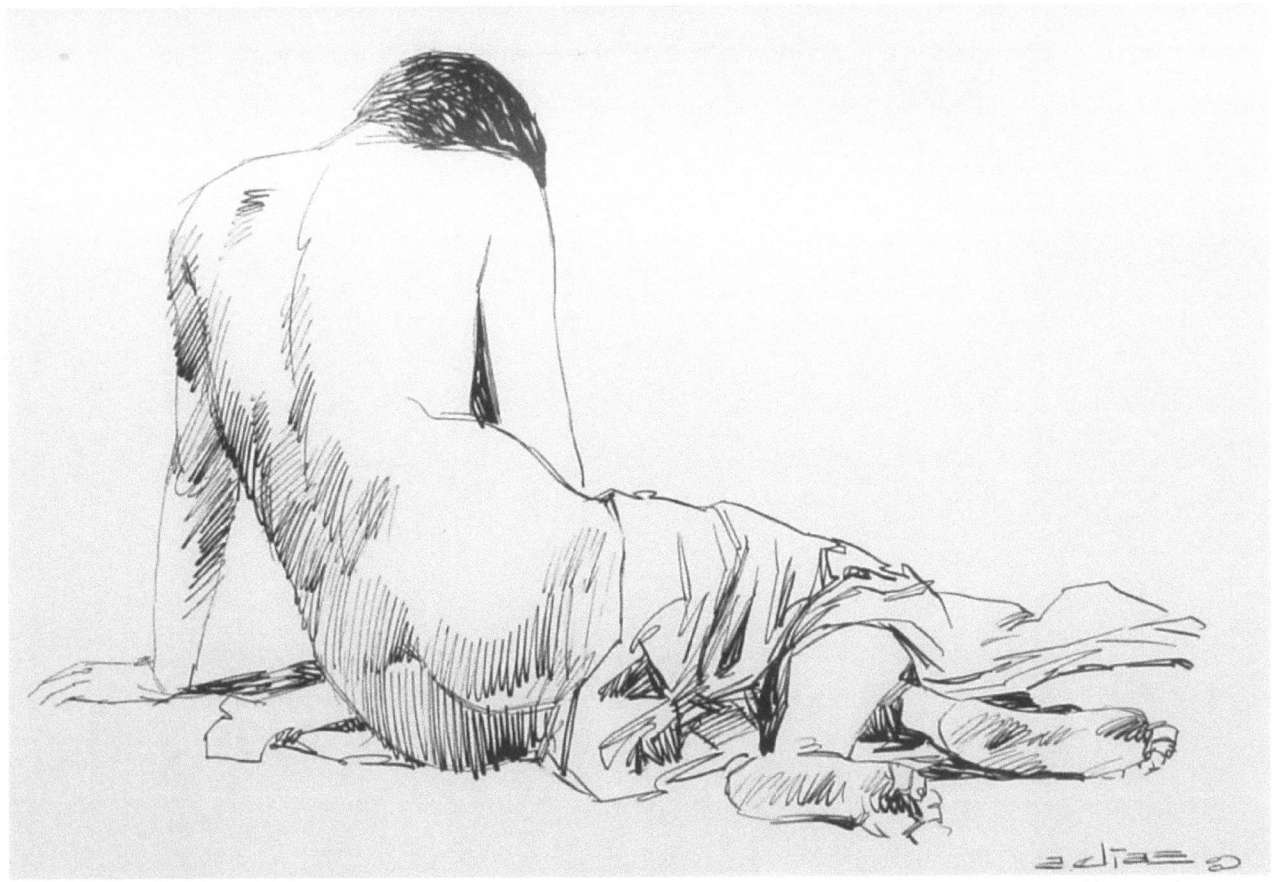

Empezaré por lo que denominamos apuntes, con mayor o menor acabado, y en ellos podremos ver la fuerza de la pincelada e incluso la seguridad del trazo.

Se trata de un apunte realizado por mi amigo Fernando Fernández, gran pintor e ilustrador. Puede apreciarse la pincelada segura, la falta de dibujo de base y el dominio del dibujo (las proporciones se han logrado perfectamente).

Los apuntes resultan interesantes y pueden convertirse posteriormente en una obra compleja. No siempre se realizan al óleo, cualquier medio es apto para lograrlos; personalmente siento cierta atracción por la plumilla para lograr apuntes espontáneos. Si se carece de la práctica nece- esario del medio, puede sustituirse por un rotulador de punta fina o por un rotring. Evidentemente el resultado no será el mismo, quedará falto de matices.

Reproduzco dos apuntes tomados del natural.

El primero es un desnudo de mi modelo tomado en mi estudio y el segundo lo realicé sentado en el interior de mi coche, observando un mercado, este planteó mayores dificultades pues las gentes solo permanecían quietas en el mismo sitio por un breve espacio de tiempo y tuve que retener en mi mente las figuras que deseaba reproducir.

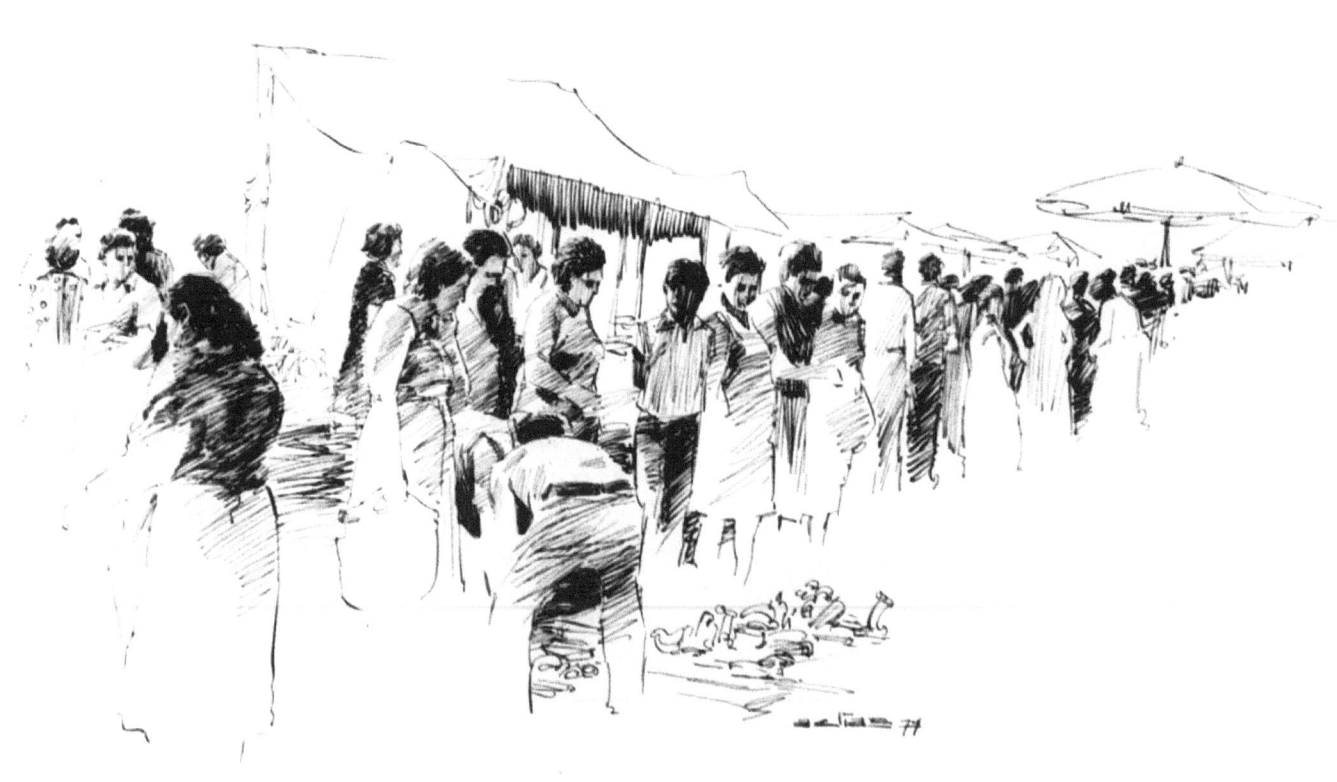

Paso ahora a tratar la técnica a la que antes me referí, esto es: pintura a la prima

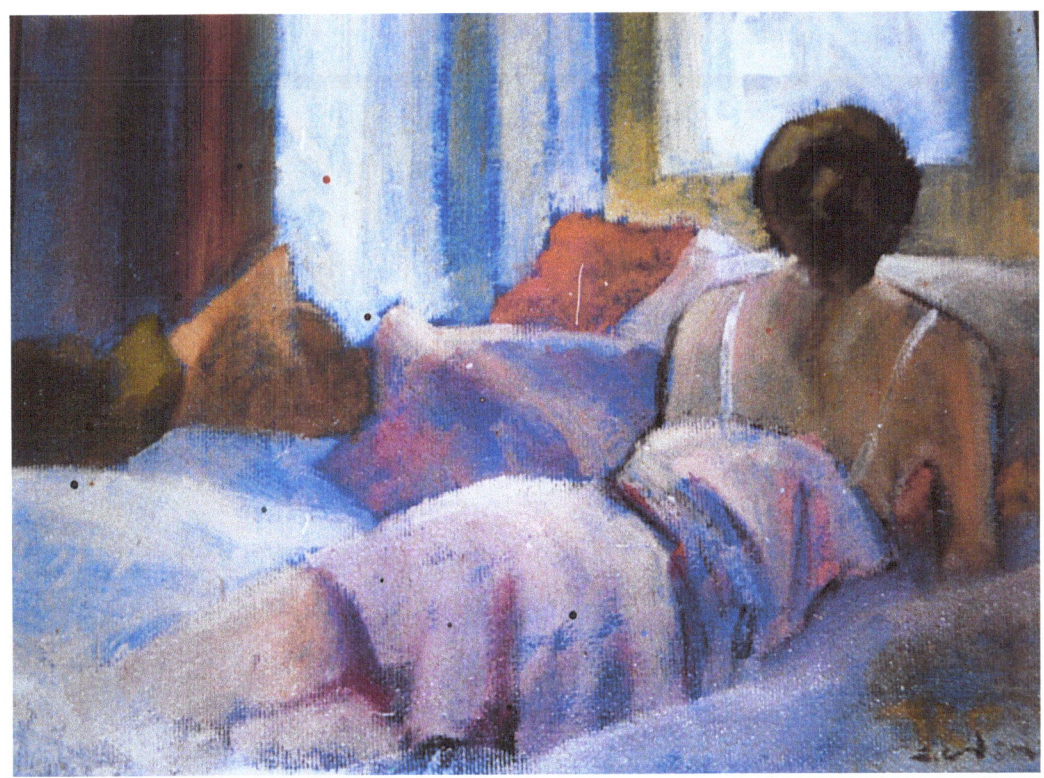

Se aprecia la pincelada segura, así como el color empastado que cubre cualquier imperfección y que proporciona a la obra la textura propia de este estilo. La mujer tumbada es una obra realizada "a la prima" que no busca la corrección en el dibujo; igualmente sucede con la obra de Chova Gisbert —derecha— (obtenida en una subasta y reproducida a la derecha) donde puede verse que el dibujo ocupa un lugar secundario, lo importante aquí es el efecto cromático y la textura, el empaste.

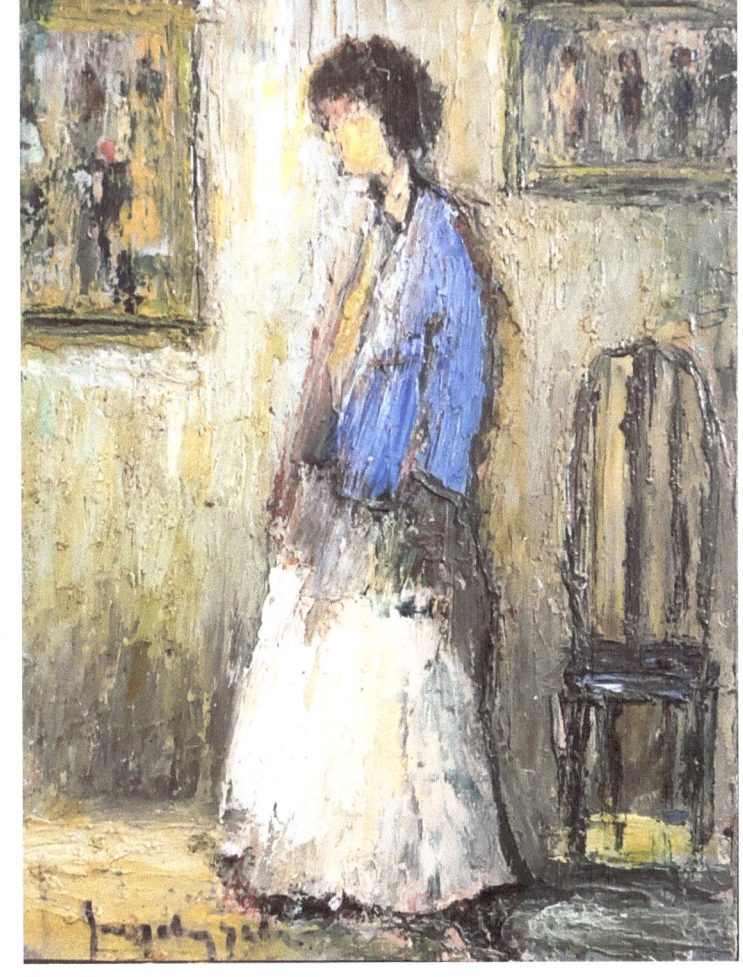

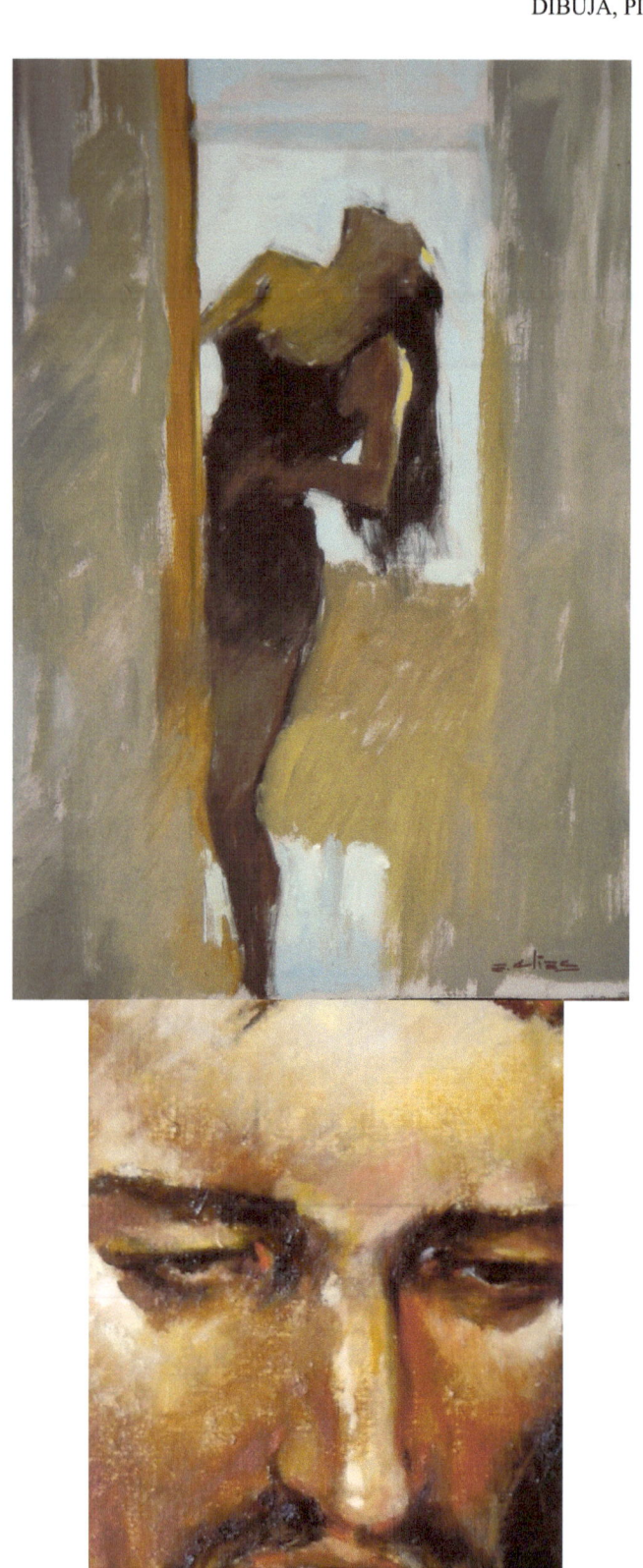

En ocasiones, por el contrario, lo que se busca es el dibujo, las proporciones y las texturas son algo secundario. Reproduzco tres oleos que se encuentran entre el boceto y la pintura a la prima y en ellos puede verse con claridad que lo buscado es la forma y proporción, el dibujo.

La pintura de la mujer puede calificarse tanto de apunte como de obra a la prima, pero quizás lo más acertado sea entenderla como apunte.

Los óleos siguientes, los retratos, sin embargo, son algo más que un apunte; ciertamente tienen algunas pinceladas que, por su rapidez, se asemejan al apunte, sin embargo, poseen demasiados detalles para ser tenido como tal. Sin lugar a dudas se trata de unas

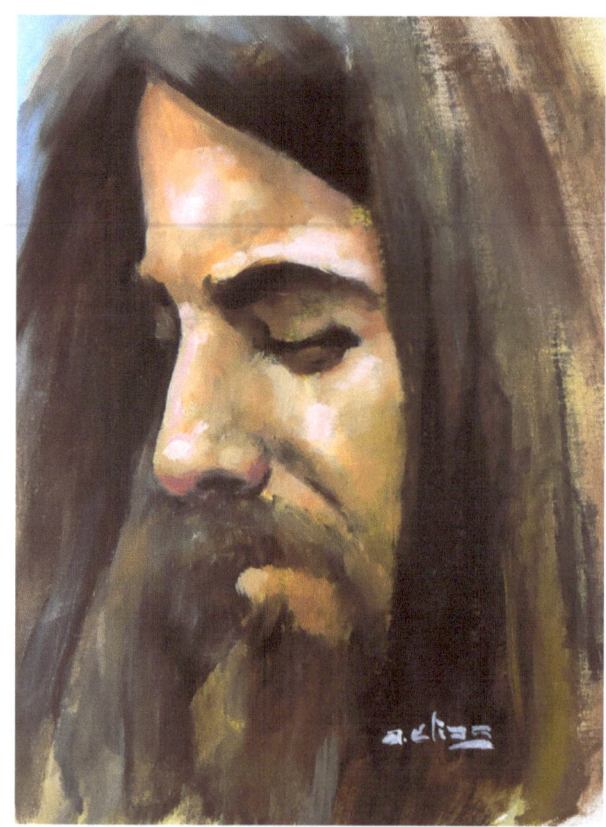

pinturas realizadas en una sola sesión, óleo sobre óleo, sin esperar a que sequen las pinceladas.

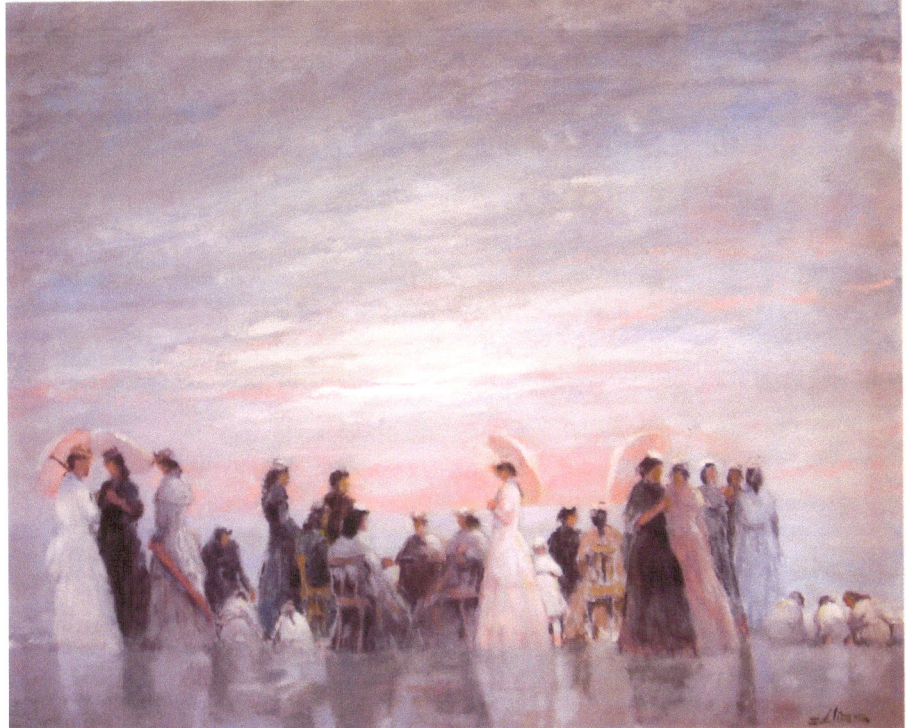

Con la misma técnica de "una sola sesión" reproduzco, ahora un tema impresionista (de una época en la que me sentí invadido por tal corriente artística).

No puede negarse la influencia que, en épocas pasadas, tuvieron en mí los impresionistas, resulta evidente.

Por último (también realizado a la prima), utilizando el tema que anteriormente mostré con la plumilla, realicé el óleo del violinista que aparece al lado derecho de la página.

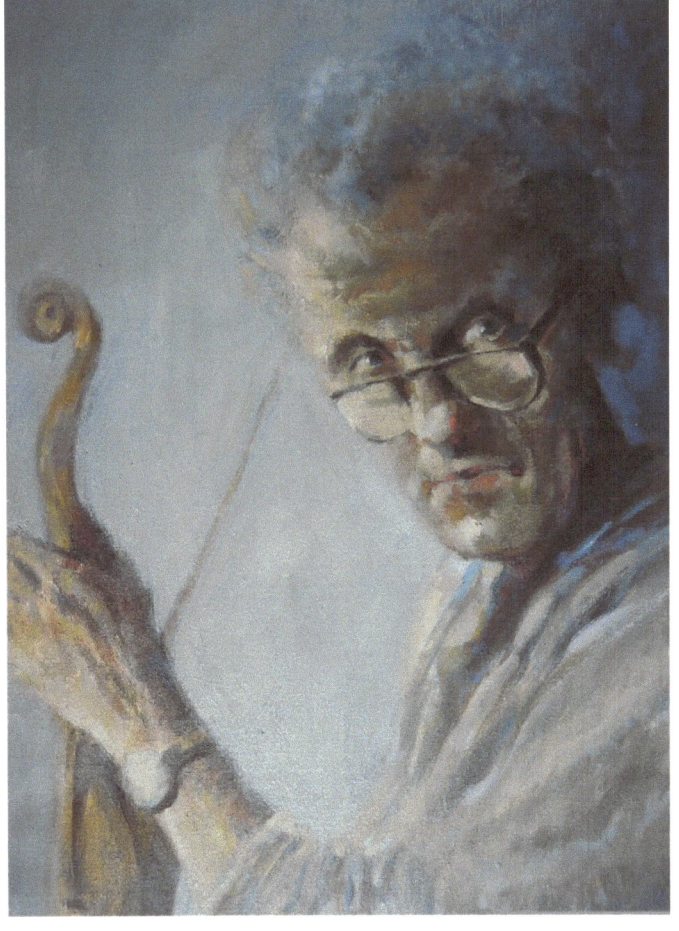

IV. ILUSTRA

La ilustración admite cualquier técnica para su realización: el dibujo, la plumilla, el óleo, el acrílico, la témpera, etc. Generalmente (al menos los ilustradores que yo conozco) se emplea la témpera o gouache y pienso que ello es debido a la rápido en el secado que ofrece este medio y que posibilita un trabajo sin esperas.

Voy a reproducir varias obras que podrían calificarse de ilustración y que han sido realizadas en diversos medios. Comenzaré por la plumilla:

El medio es adecuado, no obstante, se asemeja demasiado al comic y por ello se utiliza en contadas ocasiones.

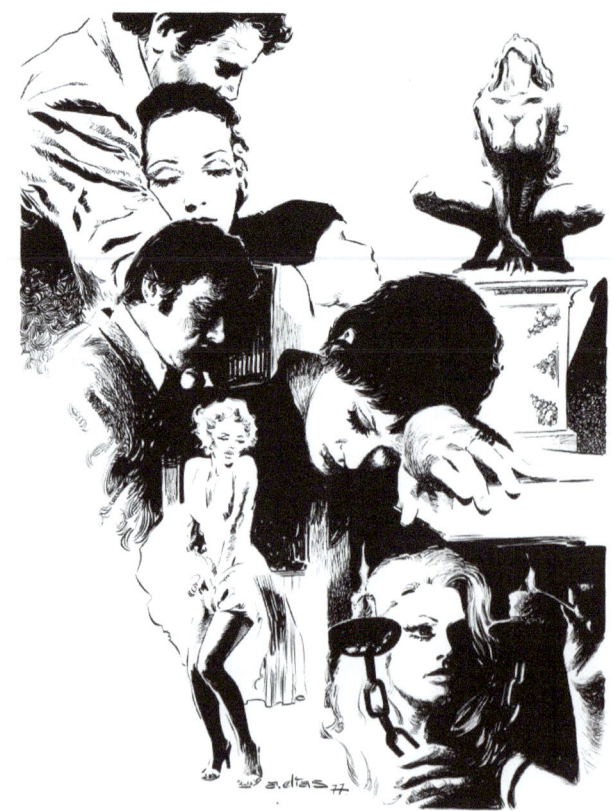

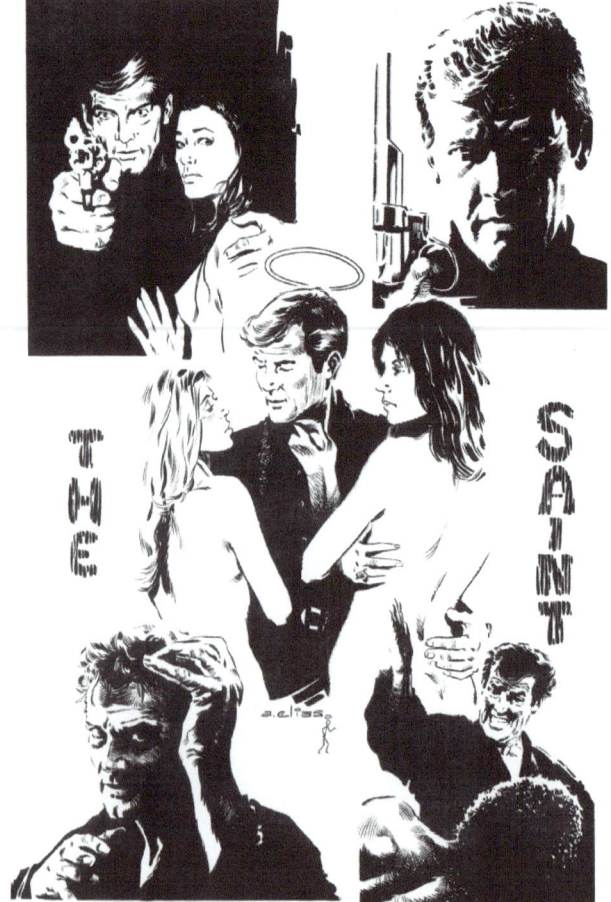

Volviendo a mi amigo Fernando Fernández, reproduzco ahora una ilustración para la que empleó,

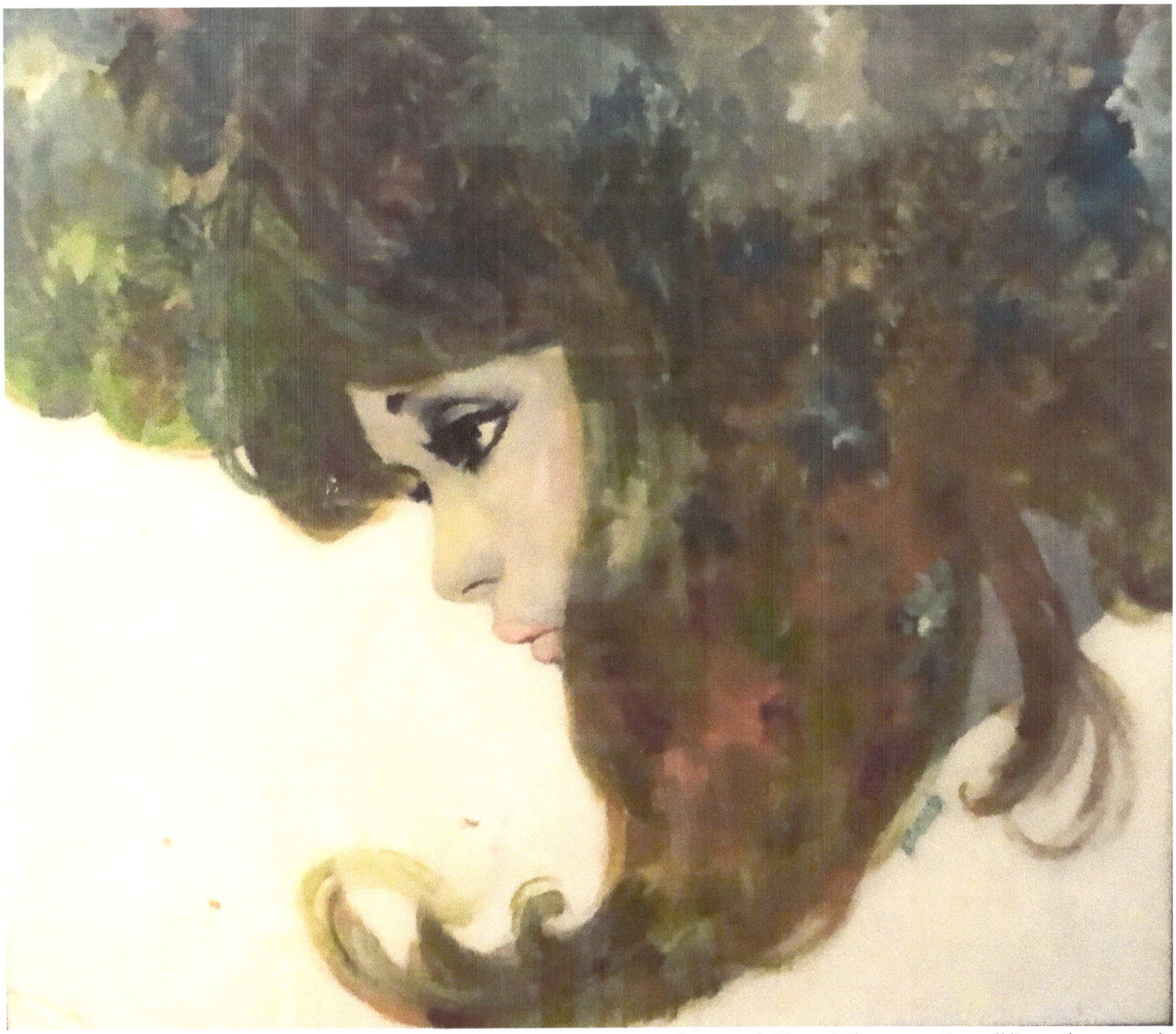

en este caso, colores al óleo. El rostro (perfil) y el tratamiento que da al pelo de la mujer poseen una fuerza indiscutible).

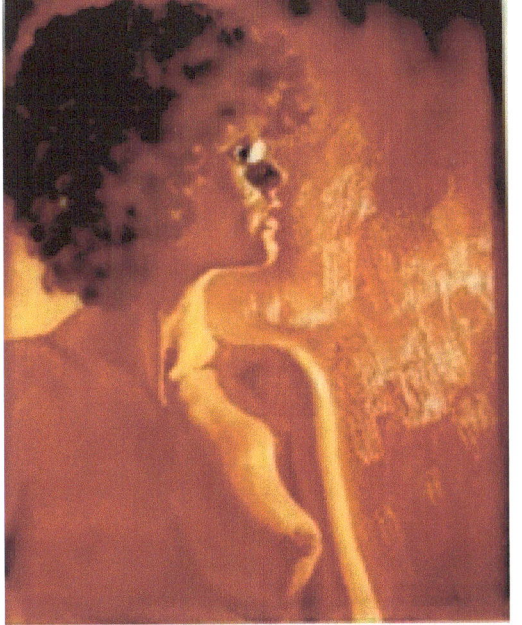

La siguiente ilustración, (también realizada al óleo) posee una gama de colores cálidos que acentúan el dramatismo. La realicé al principio de mi carrera como pintor (hace más de cuarenta años).

Maestro de maestros, José Luis Macias, posee un amplio historial como ilustrador. No podría concluir este apartado sin reproducir alguna de sus obras, una ilustración de la portada de un libro que fue realizada en gouache (técnica que al contrario del óleo debe comenzarse de claro a oscuro).

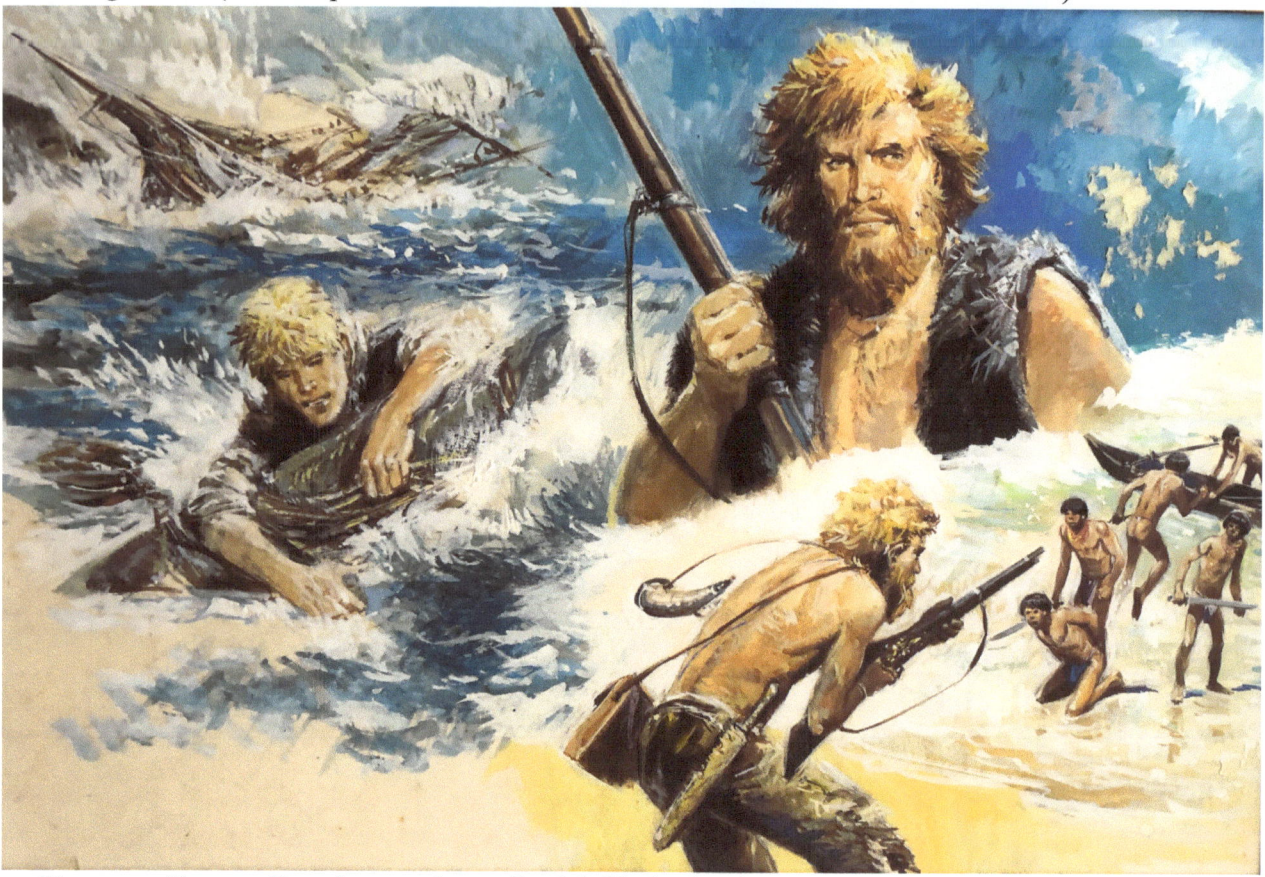

Hasta aquí hemos llegado con el estudio del dibujo, la pintura y la ilustración. Espero que sea de alguna utilidad para aquellos que quieren iniciarse en esta bella arte.

Si el lector desea un conocimiento más profundo del dibujo, la pintura o la ilustración, le indico que próximamente publicaré el primer tratado titulado "Dibuja conmigo", que formará parte de una trilogía que ampliará los temas aquí tratados.

Decir que al principio el blanco (el lienzo o el papel) horroriza, no se sabe por dónde empezar ni se tiene idea de qué pintar. Es normal. Por si sirve de alguna utilidad, dejo en el siguiente anexo una serie de temas (dibujos y fotos) que cualquiera puede utilizar, los dejo para su libre uso y espero que puedan ser de utilidad por algún compañero artista.

ANEXO I

Comenzaré por reproducir algunos bocetos (a lápiz) de temas interesantes. Cualquiera puede utilizarlos libremente, como dije, empleando para ello cualquiera de las técnicas o medios indicados en el presente estudio. Los dejo libres de © y espero que resulten de utilidad.

He buscado la posibilidad de que el futuro óleo trabaje las luces y sombras, sobre todo en las mujeres de las ventanas reproducidas arriba a la derecha y en la página siguiente.

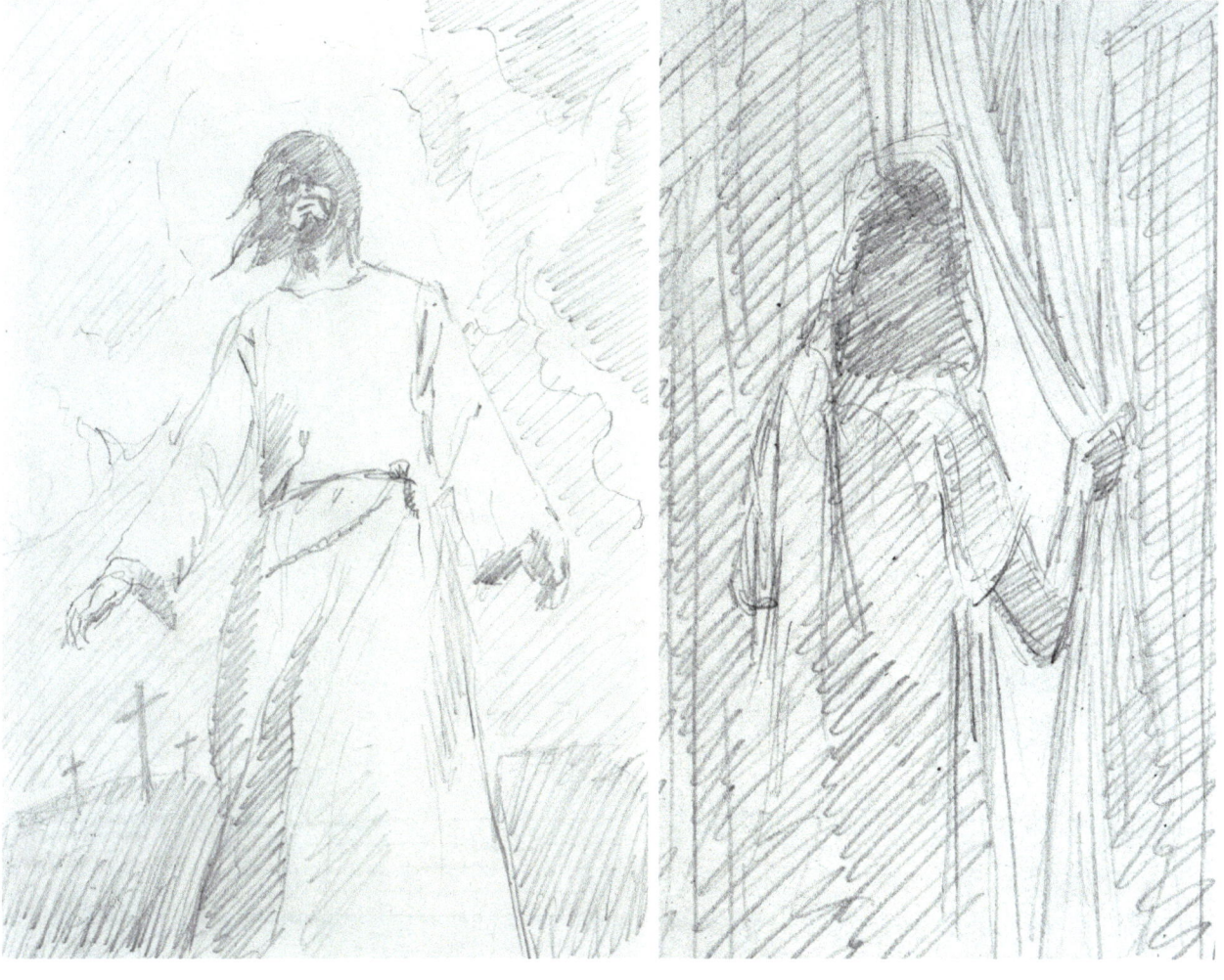

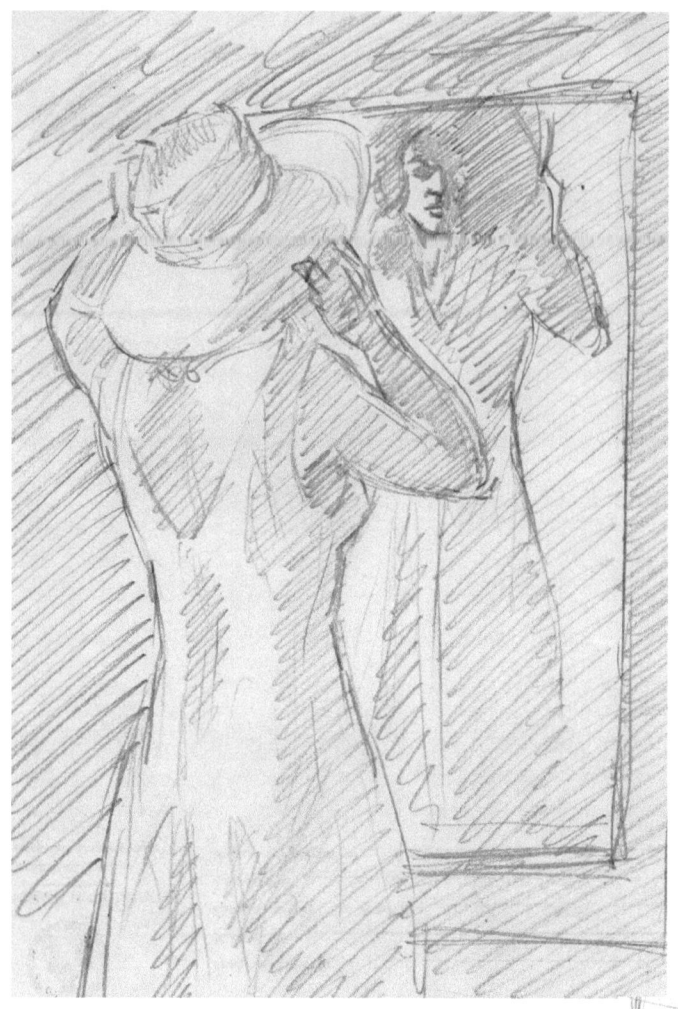

En los apuntes ahora reproducidos, se busca el contraluz y el reflejo en el espejo (con los problemas que ello plantea) y en el reproducido más abajo otro se trata simplemente de un dibujo abocetado, de líneas puras que permitirán al artista improvisar cuanto quiera.

En este boceto está pensado para jugar con colores luminosos; se han estilizado las figuras y se ha dejado a la imaginación del artista los colores a utilizar, con la posibilidad de emplear blancos puros en las sábanas.

Es un gran reto que recomiendo aceptar.

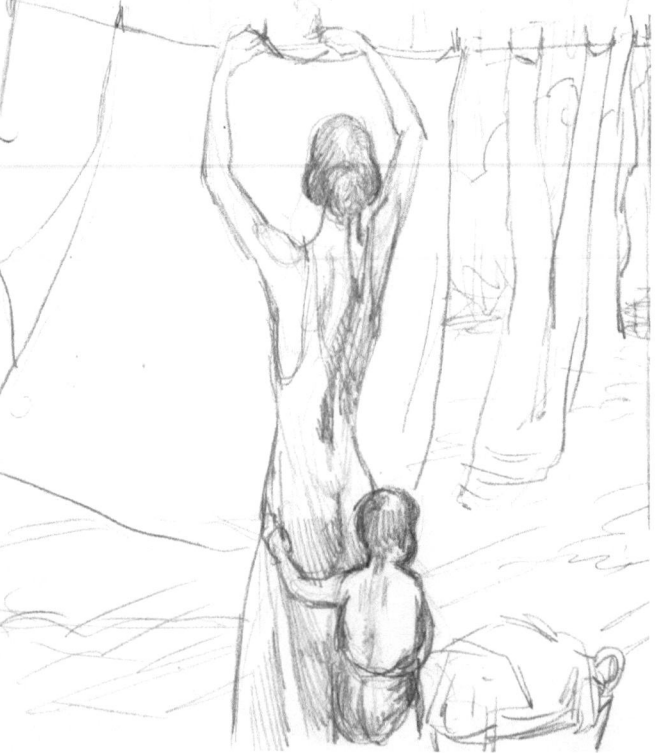

Os dejo tres apuntes a plumilla —en esta y la siguiente página— para que podáis utilizarlos

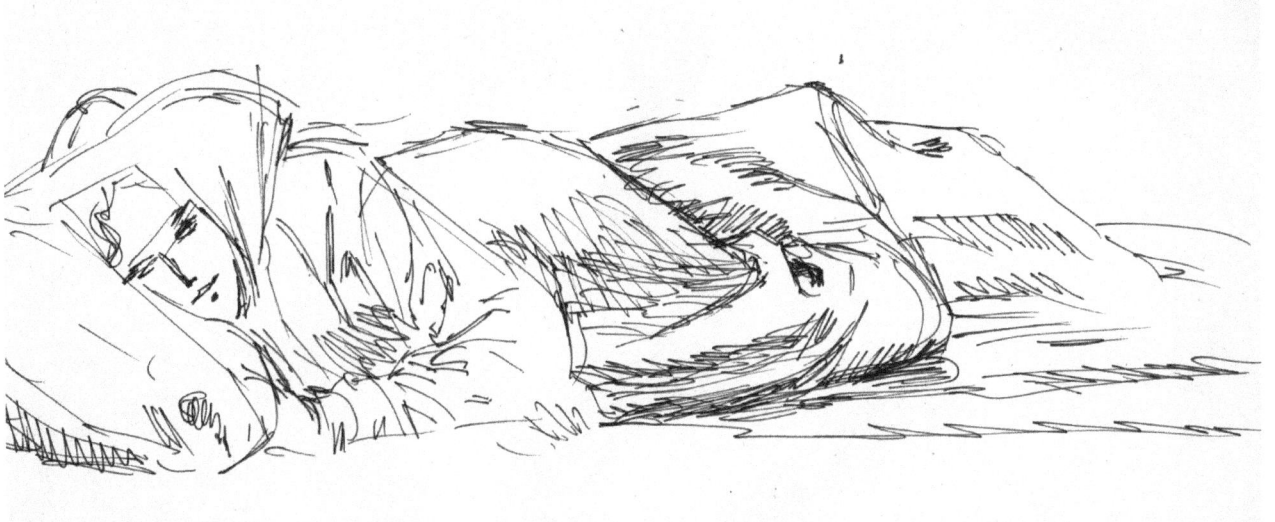

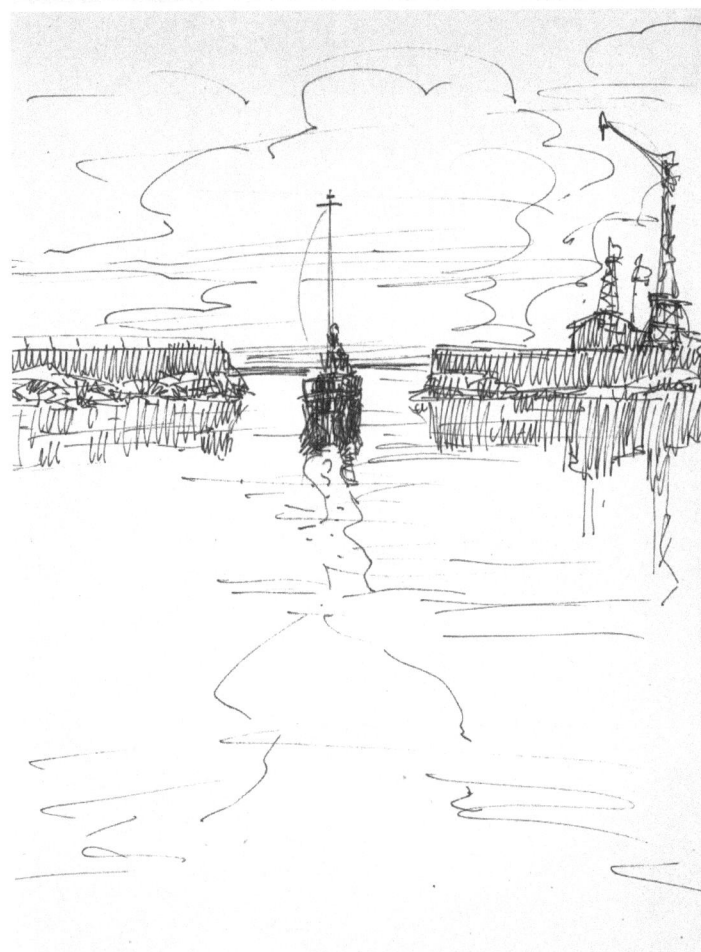

empleando la técnica que más os plazca.

Los dos bocetos plantean problemas; por un lado, la mujer, no sólo contempla luces y sombras si no que plantea el problema de las telas, los ropajes que siempre han resultado complejos. No es sencillo lograr una pintura de este estilo.

El otro apunte, plantea a su vez el problema del mar, de las luces y sombras, de los reflejos que, al parecer, son los que se producen en las horas próximas al anochecer.

Suerte y centraros en los colores (observar alguna pintura de los impresionistas, os ayudará, estoy seguro)

Un último boceto de plumilla y de nuevo una mujer tumbada con verdaderos problemas a solucionar en relación a la luz y el ropaje.

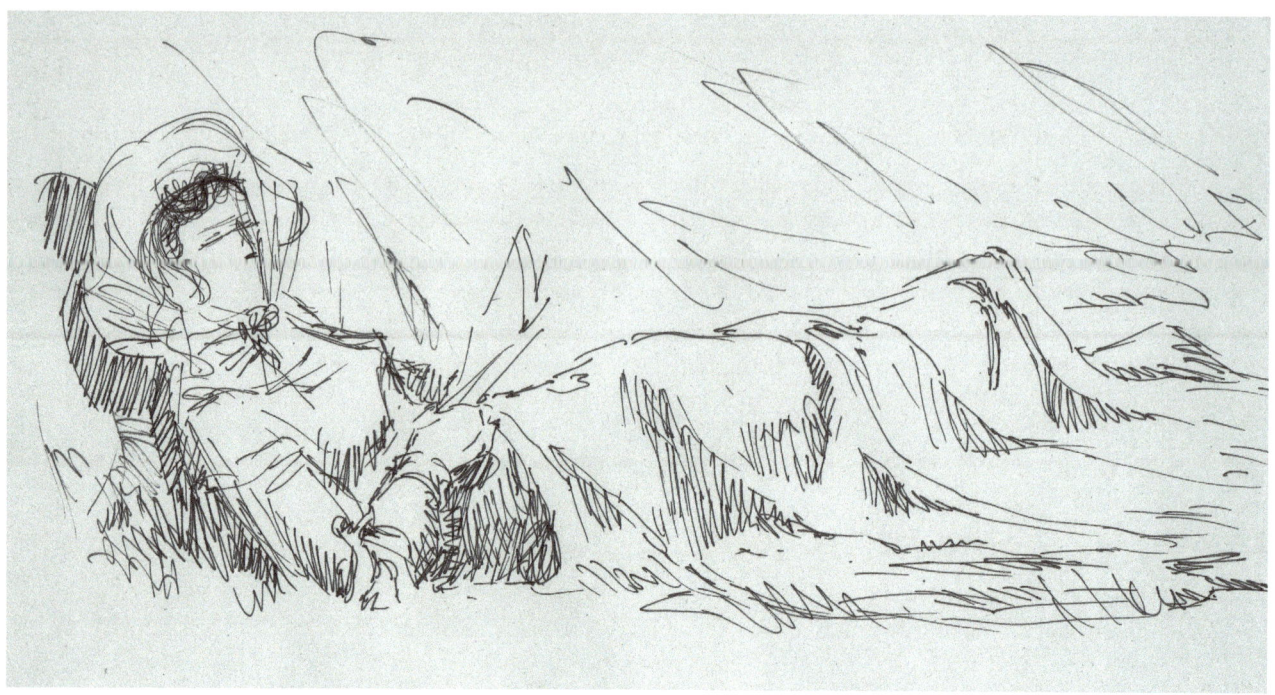

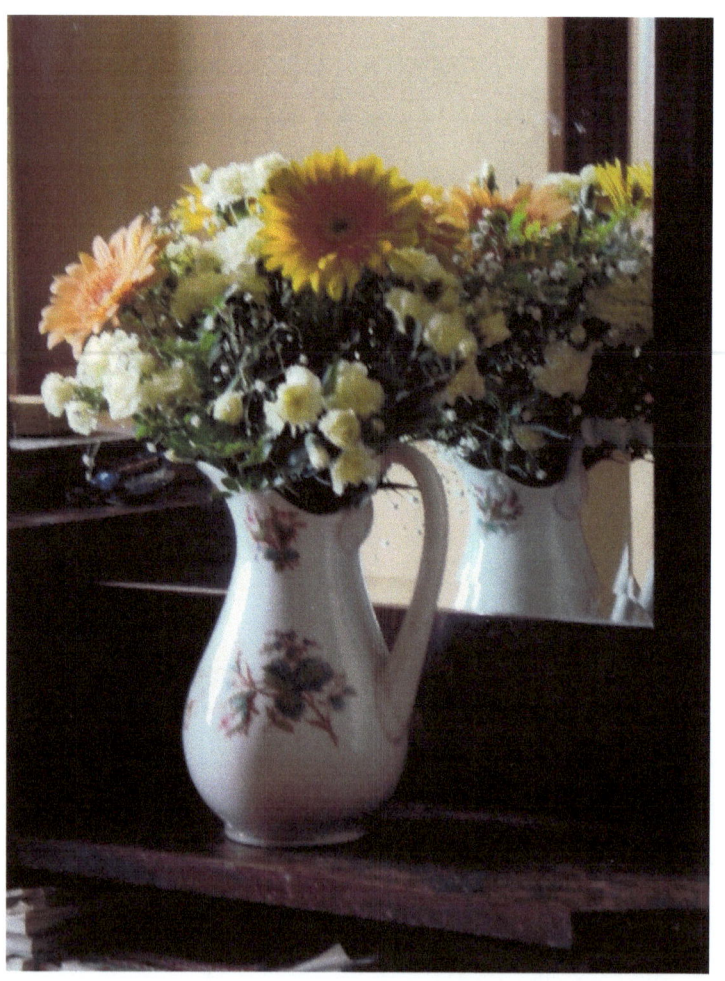

Reproduzco ahora unas fotos que pueden serviros para realizar algunos estudios; la primera de ellas (izquierda) es el jarrón con flores que os mostré anteriormente, con él y con el boceto mío podéis trabajar y lograr una experiencia de color. Las siguientes son dos fotos de paisajes de Andorra que tomé en un viaje de vacaciones.

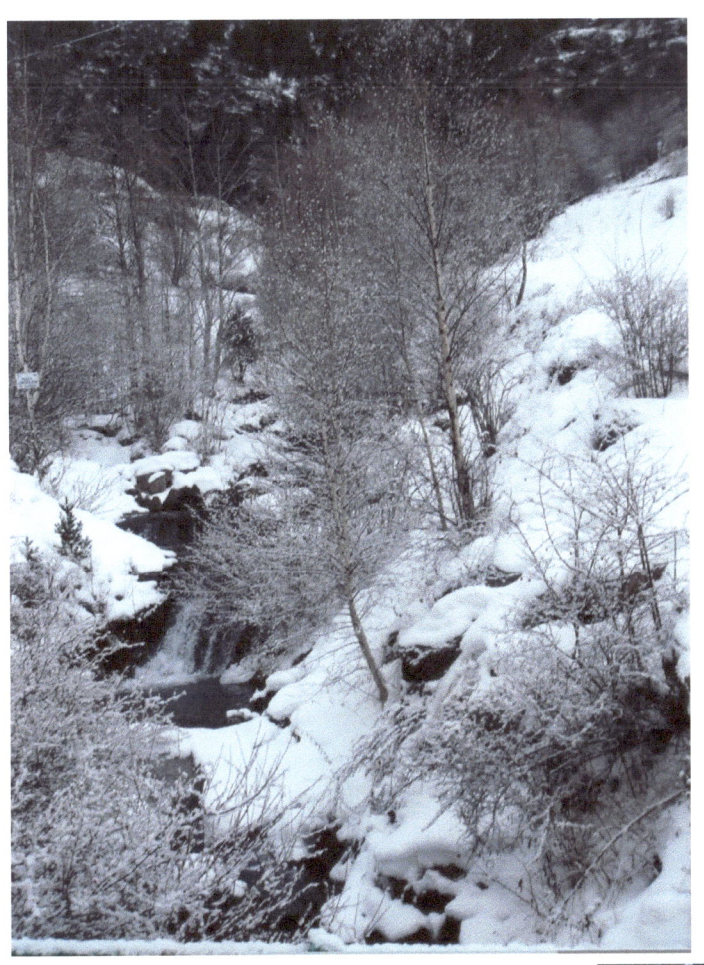

Son dos paisajes que pueden dar mucho de sí. Ojalá sean de vuestro agrado y le podáis sacar mucho partido.

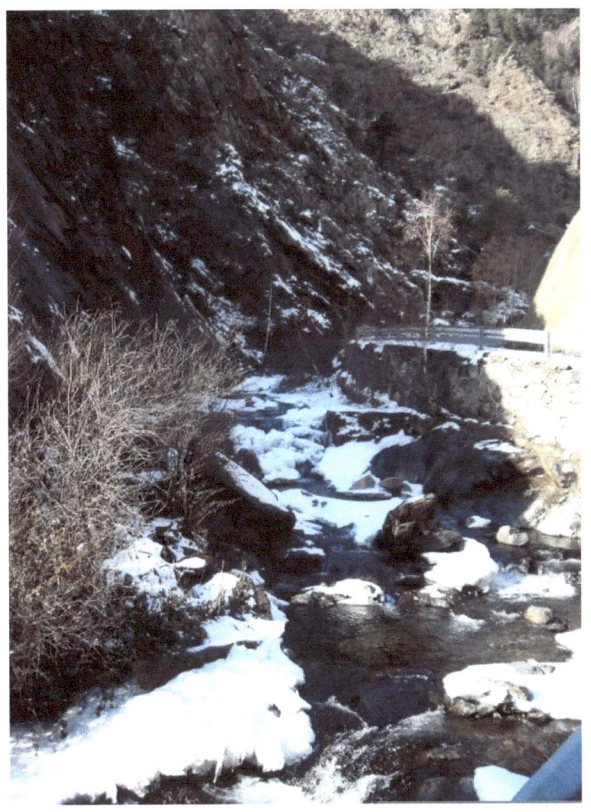

DIBUJA, PINTA, ILUSTRA.

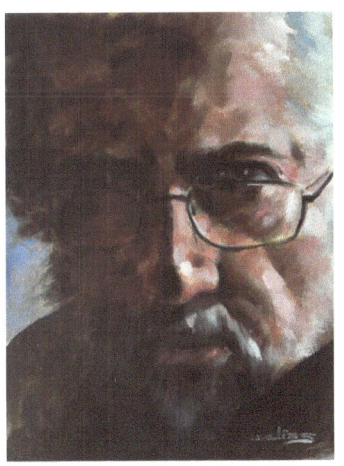

(Autorretrato)

EPILOGO

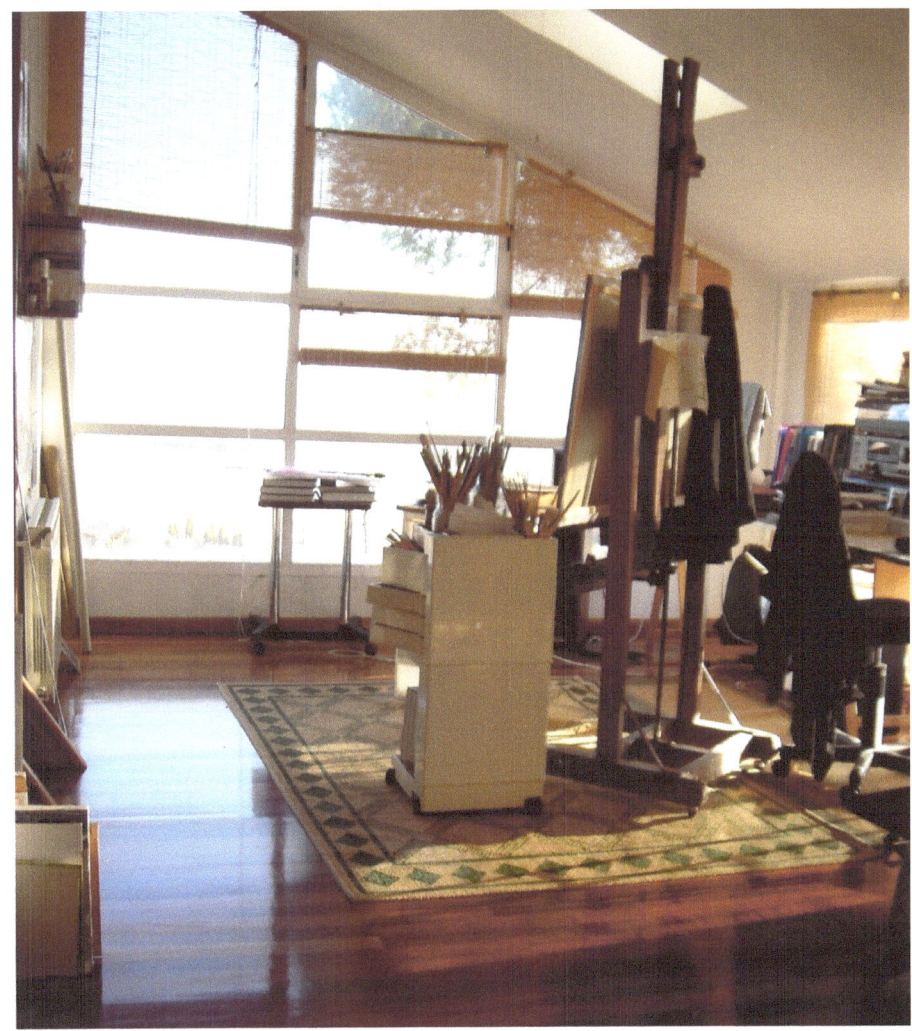

No sé si el título es el adecuado, mi deseo es sugeriros que busquéis un lugar donde podáis trabajar sin interrupciones y que posea un ambiente agradable. Yo gozo del privilegio de tener un estudio magnífico, pero he de decir que no siempre fue así, hubieron tiempos de "cuartos pequeños". No puedo evitar dejar una foto de mi estudio (¿vanidad?, si, por supuesto).

Tabla de contenidos

I.- INTRODUCCIÓN **5**

II.- DIBUJA. **7**

    II.1 CONSEJOS Y TÉCNICAS **12**

        a)   El lápiz...12

        b)   El pastel. 15

        c)   La plumilla. 17

        d)   La aguada..19

III. PINTA. **21**

    III.I. CONSEJOS Y TÉCNICAS. **22**

        a)   Temas según dificultad..23

        a.1.- El paisaje y el bodegón...23

        a.2 El paisaje marino. 27

        a.3. La figura humana. EL retrato...29

        a.4 Las veladuras. 33

        a.5. Otras técnicas interesantes. 34

        a.6. El apunte y la pintura a la prima...36

IV. ILUSTRA.. **42**

ANEXO I **45**

(Autorretrato) **51**

EPILOGO **51**

www.ingramcontent.com/pod-product-compliance
Lightning Source LLC
Chambersburg PA
CBHW051217220526
45473CB00003B/1074